英语学习共同体理论与实践

谢雨彤　肖建芳　著

全国百佳图书出版单位
吉林出版集团股份有限公司

图书在版编目(CIP)数据

英语学习共同体理论与实践 /谢雨彤,肖建芳著.
长春：吉林出版集团股份有限公司,2024.7. -- ISBN 978-7-5731-5398-2
Ⅰ. H319.3
中国国家版本馆 CIP 数据核字第 2024E2Y010 号

英语学习共同体理论与实践
YINGYU XUEXI GONGTONGTI LILUN YU SHIJIAN

| 著　　　者:谢雨彤　肖建芳 |
| 责任编辑:沈丽娟 |
| 技术编辑:王会莲 |
| 封面设计:豫燕川 |
| 开　　　本:787mm×1092mm　1/16 |
| 字　　　数:190 千字 |
| 印　　　张:10.25 |
| 版　　　次:2024 年 7 月第 1 版 |
| 印　　　次:2024 年 7 月第 1 次印刷 |

出　　　版:吉林出版集团股份有限公司
发　　　行:吉林出版集团外语教育有限公司
地　　　址:长春市福祉大路 5788 号龙腾国际大厦 B 座 7 层
电　　　话:总编办:0431—81629929
印　　　刷:吉林省创美堂印刷有限公司

ISBN 978-7-5731-5398-2　　　　定价:62.00 元
版权所有　侵权必究　　　　举报电话:0431—81629929

前 言

随着建构主义、情景学习、分布认知等学习理论的成熟与发展,学习共同体成为一种日渐完善的教育理论。学习共同体理论从社会文化的视角出发,倡导源于生活实践的学习情境,强调学习者对知识与意义的社会协商,关注认知在学习者彼此之间以及在个体的心智与外部环境之间的分布,鼓励学习者相互之间的经验与情感交流,重视学习者在共同体中由"新手"身份到"老手"身份的建构。学习共同体作为一种生态的学习环境,其目标就是使所有学习者在实践中培养学会学习的能力。

在当今复杂多变的教育环境中,教育体系面临科技创新、社会多样性、学生个体差异等各种挑战,因此在英语学习方面需要与时俱进,从而应对不断变化的环境,使学生更好地学习英语。教师学习共同体是培育优秀教师、提高教师质量、建设高质量教师队伍的重要手段,利用学习共同体理论,能够促进英语教学发展,形成积极向上的学习氛围。

本书立足英语学习共同体理论,阐述相关概念,提升教师素养,并对理论进行研究,进而应用到现实课堂之中,进行实践探索。旨在运用课堂学习共同体理论打造英语课堂学习共同体,使读者深入了解英语课堂教学的新模式、新观点。

笔者在撰写本书的过程中参考了一些专家和老师的著作文章,调查了多位教师在教学过程中应用的教学方法和实践活动,在此表达诚挚的感谢。同时自己也进行了教学实践,总结经验,以便充实与佐证教学方法的研究。由于水平有限,研究之中仍有许多不足之处,在此希望广大读者批评指正。

目 录

第一章 学习共同体与课堂学习共同体 …………………………… 1
  第一节 学习共同体的发展历程与述评 ………………………… 1
  第二节 学习共同体的理论基础 ………………………………… 9
  第三节 课堂学习共同体的提出和本质 ………………………… 14
  第四节 课堂学习共同体的特征 ………………………………… 17
  第五节 课堂学习共同体的基本原则 …………………………… 21

第二章 英语学习共同体的学习策略 ……………………………… 24
  第一节 学习策略的含义 ………………………………………… 24
  第二节 合作学习与自主学习策略 ……………………………… 30
  第三节 探究学习策略 …………………………………………… 48
  第四节 学习评价策略 …………………………………………… 53

第三章 英语学习共同体的教学模式 ……………………………… 64
  第一节 情境教学模式 …………………………………………… 64
  第二节 协同教学模式 …………………………………………… 75
  第三节 自学辅导教学模式 ……………………………………… 84

第四章　英语课堂学习共同体的管理研究 …………………… 91
第一节　英语课堂学习共同体的构建思路 ……………… 91
第二节　英语课堂学习共同体的运行策略 ……………… 96
第三节　英语课堂学习共同体的支持策略 ……………… 119

第五章　英语课堂学习共同体的评价研究 …………………… 123
第一节　英语课堂教学多元评价体系研究 ……………… 123
第二节　英语教学过程动态评价研究 …………………… 129
第三节　师生评价共同体心理调控研究 ………………… 134

第六章　高校英语教师与学习共同体的协同发展 …………… 139
第一节　高校英语教师专业发展与学习共同体建设 …… 139
第二节　基于活动理论的高校英语教师网络学习共同体 … 143
第三节　基于大数据时代背景的智慧学习共同体构建研究 … 149

参考文献 ……………………………………………………… 155

第一章

学习共同体与课堂学习共同体

第一节 学习共同体的发展历程与述评

一、国外学者研究综述

学习共同体的思想可以追溯到19世纪,杜威在1899年所著的《学校与社会》中把学校界定为"雏形的社会",将共同体的理念作用于学校。他提出了"学校即社会""教育即生活"两个核心理念,认为人们在社会中参加真实的生活才是身心成长和改造经验的正当途径。[①] 这个时期,学习共同体精神已经初现端倪,即将学生的全面发展置于集体的发展当中,使学生能够更加有效、更加健康地发展。杜威倡议教师要把教授知识的课堂变成儿童活动的乐园,引导儿童积极、自愿地投入活动,从活动中不知不觉地养成品德和获得知识,实现生活、生长和经验改造。

随着相关理论的不断发展和建构,学习共同体的含义演变为一个拥有共同学习目标的团体,成员通过交流和分享促进学习的发展,成员之间相互发生影响并促进自己的人际关系发展。换言之,在学习型组织中,学习者不仅要获得知识,更要会迁移知识。这一时期的研究主要以学习型组织为基点,学习型组织的标志就是组织中真正学习的发生。彼得·圣

---

① 约翰·杜威,彭汉良译. 学校与社会[M]. 武汉:长江文艺出版社,2023.

吉在其著作《第五项修炼——学习型组织的艺术与实务》中指出,要通过采用学习型组织的战略和行动对策来排除威胁组织效率和事业成功的学习障碍。在学习型组织中,新型的、扩展性的思考模式得到培育,团体的渴望得到释放,大家不断在学习中获得自己真心向往的成就。

1995年,博耶尔在其报告《基础学校:学习共同体》中最早提出学习共同体的概念。他认为学习共同体是所有人因共同的使命,朝共同的愿景一起学习的组织,共同体中的人共同分享学习的兴趣,共同寻找通向知识的旅程和理解世界运作的方式,在教育中相互作用和共同参与。

学习共同体理论发展的强大动力来自建构主义的蓬勃发展,建构主义者对学习共同体的一些重要概念进行了重新界定。例如,佐藤学在对学校危机的历史考察中,发现学校是由"民主主义""传承教养""共同体"三大支柱组成的。他认为,在21世纪的共生社会里,学校的重建或再生实质上就是"民主主义""传承教养"及"共同体"概念的重新界定,即学校必须在保障学校生活多元化的同时尊重个体的尊严,改变决策上的管理模式;知识的获得途径应该是在一个和谐的环境中搭建人际交往的纽带,而非个体之间的不停竞争;共同体的概念应该包含个体在立足于自身特性的基础上融合自己对未来的期许。所以,佐藤学认为学习共同体是一个"教育大厦",在这个"教育大厦"之中,教学的设计应该是以学生的学习为中心的,教师之间的"同事性"、家长和市民构建的学习网络以及地方性教育行政体制构成这个"教育大厦"的基础。

莱芙与温格在对工匠学徒制的研究中,揭示出学徒式学习是一种从边缘领域过渡到核心领域的参与文化共同体的过程,是个体参与共同体的知识技能的实践,是个体的成长与文化共同体的形成相辅相成的过程。在这个理论的基础上,布朗和坎皮恩提出学习者和思考者共同体,李普曼提出了探究共同体,温特比尔特认知与技术小组提出了学习共同体,以及罗斯提出了实践共同体等。这个时期的学习共同体思想随着信息技术的发展,开始将关注的焦点从学校拓展至社会,关注学习者在建构学习共同体的过程中如何促进自身的发展以适应共同体或社会的文化。

罗兰巴斯将学习共同体描述为一个根据自己的需要并立足于自身的个性和能力，学生和成人积极主动地学习并改善自己和同伴学习的环境。迈尔斯和希姆普森将学习共同体定义为一种每个人都在学习的文化氛围，每个人都是一个完整的个体，每个参与者都为学习和共同受益而负责。此后，库恩在《科学革命的结构》一书中阐述了"共同体"的概念，"共同体"就成了拥有共同体目标和理想的人遵照一定的专业或行业范式而组建的团体的代名词。莱芙和温格又进一步将"共同体"的概念发展为并非一定要每个成员都在场，也没有明确的社会界限，它隐喻着一个活动系统中的参与，参与者彼此之间共享他们对于该活动系统的经验和理解。而学习共同体顾名思义，就是将学习置于"共同体"环境中形成的团体，那么学习共同体的特征一定来自作为其支架的"共同体"的本质属性。因此，也有学者将学习共同体的特征概括为共识性、异质性、脱域性和角色互嵌。

佐藤学认为，在学习共同体课堂中，教师是专家，也是学习者，是教室里建设学习型共同体的指导者，也是这种共同体的一员。课堂成为师生学习与生活的"共同体"。为了实现回归学校及学习的本真改革愿景，他提出以"倾听""串联""反刍"作为教学的基本要素，并通过学生活动作业、合作学习、分享表达的学习活动重建课堂教学规范，以基于课堂事实的课例研究构建教师们的"同僚性"，促成以学习参与为主的家校关系的重建，构建起学习共同体的活动系统。

对学习共同体特征的分析能加深我们对学习共同体的理解，已有研究中也不乏关于学习共同体特征的多种表述，而最具代表性的表述是萨乔万尼、斯达莱特和雷威德的观点。萨乔万尼用反思、发展、多样化、对话、关怀和责任感这些关键词概括了他对学习共同体的理解，并且认为只要在我们的教育理念中融入上述观念，我们的教学就是成功的、有效的。斯达莱特认为学习共同体的思想是一个隐喻，它展现了一个新的教育观，即学习需要批判和合作，批判能去伪存真，合作能丰富知识，学习的内容植根于日常生活，应该引导学生产生一种对历史、现实和人类本原的关注，使学习走出艰、深、繁、杂的误区，回归本来面目。雷威德提炼出一系列学习共同体的特质:(1)尊敬。教师和学生彼此尊敬,以礼相待。(2)关怀。它既包括教师给予学生的关怀,也包括学生给予教师的关怀。(3)包容。共同体的成员努力让所有参与者都能参与活动,没有人被排斥在外。(4)信任。共同体的成员互相信任,乐意向同伴展示自己的成果,分享自己的资源。(5)授权。教师和学生都在共同体中被授予了权利,从而乐于表达自己的要求和感受。(6)承诺。共同体的目标和核心价值是所有成员共同决定的,他们乐于尊重自己的决定。

以上分析显示,学习共同体的特征表现为学习者在地位上的互相尊重与平等,在学习过程中的互动与关怀,在学习结果上谋求学习者的共同发展。根据将学习作为认知活动的特点,有研究者将学习共同体的主要特征归纳为以下几个方面:(1)共识。学习共同体授权给组织成员,成员间通过协商达成共同的组织愿景。(2)异质。学习共同体通过针对"同一性"的博弈而尊重彼此的差异。(3)脱域。学习共同体的组成成员不受地域、时空、社会的限制,凭借分享共同的思想和观点而聚集。(4)角色互嵌。学习共同体沉浸在宽松、和谐、民主的合作文化氛围之中。这种思考主要从共同体的本质属性入手,演绎、说明学习共同体的特征。

上述关于学习共同体特征的多元描述大多是基于对共同体的把握而进行的逻辑推演,而较少基于对学习共同体自身的剖析,对学习共同体区别于一般共同体的独特性分析得不够,尽管有些描述是视学习为认知活动的分析,但仍比较单一,基于学习共同体本身特征的分析还有待展开。因此,对学习共同体特征的探索还有待进一步深化,以避免学习共同体与合作学习、小组学习等概念相混淆,真正发挥学习共同体的独特价值。

当前学术界对学习共同体构成要素的认识还处在初步探索的阶段,其观点有以下几种:(1)三因素论。学习共同体的构成要素主要包括助学者、学习者和信息三种要素。助学者一般指学习共同体中的教师、学科专家和受过培训的辅导者。学习者是指在学习共同体中从事个性化学习、协作学习并进行交流和反思的成员。信息是学习共同体中学习者与学习者、学习者与助学者之间的交流信息。信息交流既包括知识、能力的交流,也包括情感的交流。(2)四因素论。有学者认为,一个真正的学习共同体的构成要素至少包括四个:①以身份建构为发展目标的参与者,包括学生、教师及其他学习者;②促进参与者成长的共同目标,以便使参与者之间形成互助关系,为实现共同目标而参与学习活动;③互动的交往,以平等的身份分工协作,在竞争中发展,获得认知、情感和能力的成长;④以活动为载体,通过参与者之间相互交流、讨论发现、探讨问题,使参与者获得学习体验和生活感悟。(3)五因素论。有学者认为学习共同体由五个要素构成:①学习主体(包括个体或群体的学习者);②共同愿景;③课程知识(如文字材料、书籍、音像资料、计算机辅助教学与多媒体课件以及互联网上的信息等);④规则;⑤学习活动分工。这一观点把视角集中在具体的课堂情境中,突出了课程知识的重要性。也有研究者从参与者之间的需要来研究学习共同体的构成要素,如归属感、信任感、互惠感和分享感等,社会心理学特别是群体心理学为这方面的研究提供了丰富的理论支撑。

纵观不同学者对学习共同体构成要素的分析不难发现,基于要素的分析都是建立在一定的理论基础上的,不同之处在于有的是从社会学的角度论述,有的是从教育学的角度论述,有的是从心理学的角度论述。这些论述都有助于我们更深入地理解学习共同体的特征,由此可以得出结论,一个完整的学习共同体的构成要素至少包括多层次的参与者、共同的目标、活动的载体(信息、情感的互动交流)。

二、国内学者研究综述

国内对学习共同体的研究大致有以下几种主要观点。

钟启泉认为,学习共同体是学校改革的哲学,能使教师成为反思性实践家。它也是学生学习成长、教师专业发展、社区的家长和居民参与学习的场所。[1] "公共性""民主主义""卓越性"三个基本原理是构成这一哲学

---

[1] 钟启泉."学习共同体"的范例——日本佐藤学教授访谈[J].全球教育展望,2006(4):5.

的基础。"公共性"指为了实现每一个学生的学习权利、完成建设民主主义社会的公共使命而组织起来的,各式各样的人相互学习的公共空间。它要求师生之间、生生之间、家长和学生之间要倾听彼此的声音,向他人真诚吐露自己的心声,具有宽容和尊重多样性的精神。"公共性"原理是由"民主主义"原理所支撑的。这里的"民主主义"意味着各式各样的人合作生活的方式,学生、教师、校长、监护人都必须是"主人翁",每一个人的学习权利、尊严、多样化的思考方式和生活方式必须受到尊重,从而使学习共同体成为不同个性得以发扬的场所。学校是教师和学生追求其活动和理念"卓越性"的场所,这里的"卓越性"是指学习共同体在任何困难条件下都尽其所能、达到最高境界。这三个原理形成了建构学习共同体的哲学基础。教师要实现成为反思性实践家的成长,就必须投身于学习共同体这一生态化的情境,与学生建立平等关系,在学习共同体中寻求文化的建构,与学生、同事和家长形成良性合作,善于发现并思考在这种情境中学习的意义和价值,进行自我实践并反思,分享实践经验,增长实践智慧。总之,教师借助反思性教学的实践,在学习共同体中成为有效的构建者和辅助者,对学习共同体的构建起到促进的作用。

王鉴、李录琴提出要建构新型的学习共同体课堂,一是在课堂教学价值取向上,课堂教学要从"知识世界"回归"人的世界",倡导多元和全面评价;二是在课堂教学模式的建设上,日常生活世界中的经验、体验和交往是教学生活世界中教师从事教学工作和学生进行学习活动的基础,不仅在教材内容、教学方法上注意人的直接经验与知识文本的间接经验的结合,而且共同体成员的互动也要彰显人性化、生命化的特点;三是在课堂教学过程中,还教师与学生专业生活世界之外的日常生活世界的时间与空间。[1]

赵健将学习共同体的内涵概括为一种关于学习和学习者的社会性安排,并提供机会,学习者在其中进行社会交往,这种社会交往是以共同建

---

[1] 王鉴. 教师与教学研究[M]. 兰州:甘肃教育出版社,2013.

构知识为目标的；这种社会交往是以活动为载体的，其中蕴含着多种层次的参与，包括边缘的和核心的、在场的和虚拟的等。每个成员都能获得同伴的帮助，并从各自的水平和角度介入合作、争论和评价以形成共识性知识，在这个过程中确立自己的身份感。[①]

黄利玲认为，学习共同体课堂最本质的特征是师生具有共同的学习目标，将外在学习要求转变为内在的自觉行为和主动探索，并借助基于师生关系的共同体平台进行学习与创新，通过自主、合作、探究学习获取知识、提升能力、丰富情感、完善人格，构建以学生发展为本的高效课堂。它的支持系统包括教师的学识支持、学生的智力支持和共同体成员之间的互动支持。[②]

屠锦红和潘洪建构建了大班学习共同体课堂的基本原则——和而不同、对话协商、活动体验和合作共享，以及基本机制——大班分解、建立学习共同体群、拟定目标、创设问题与情境、活动交流、意义建构和评价共享，丰富基于课堂的学习共同体的可持续发展。[③]

近年来，全国许多高校和部分中小学也纷纷开展基于学习共同体的教育教学实践改革，对学习共同体的研究与运用如火如荼。

三、国内外研究述评

综上所述，国内外高校学者均把课堂理解为学习共同体，旨在建构一种新型的以学生为本位的课堂教学世界。以上观点基于不同的理论，有助于我们从不同侧面理解学习共同体课堂的构成与运行机制。然而，当前的研究也存在着一定的缺陷与不足：一是对学习共同体课堂的概念、标准、构成要素及其内在关系的界定不尽相同，使得研究结果表面化、零散

---

① 赵健.学习共同体的建构[M].上海：上海教育出版社，2008.
② 黄利玲，余勤，黄玉宇.增强学生主体意识建立以学生为中心的教学模式[J].景德镇高专学报，2004(2)：36－37.
③ 屠锦红，潘洪建.大班额"有效教学"的困境与出路——基于学习共同体的视域[J].课程·教材·教法，2011(11)：30－35.

化；二是对如何深入提升学习共同体的内在凝聚力，如何充分发挥学习共同体的行为约束力，如何保持个体目标与群体目标一致性等方面研究较少；三是研究以学术为主，看重学习共同体课堂理论的完备性和逻辑的自洽性，缺乏实践性和情境性，均是泛学科研究，而中小学教师关心的是立足学科本位的各种课型的具体操作模式，致使研究成果难以顺利转化为基层教师的教学行为。

(一)学习共同体的定位有待厘清

从目前的研究来看，学术界对学习共同体的内涵和定位还存在较大分歧。有学者认为它是一种理想的形态，作为一种理想信念存在，对学习共同体的追求是学校未来发展的一种取向，不能作为一种实体存在。有学者甚至指出，学校本来就是一个共同体，只是人们的关注点一直集中在学校情境下的学习活动，而未给予这个古老的、日常化的、生活化的社会学习形态足够的承认和重视。对此，我们认为，对学习共同体概念进行界定就是在追问学习共同体是什么，对学习共同体的含义、特征、条件做基本的界说，形成关于学习共同体的基本观念。这实际上是研究的本体论承诺，也就是说要对研究对象的范围、属性有所规定，才能为研究与实践提供认识起点与行动框架。

笔者认为，共同体是当代社会建设的一种基本理念与价值追求，是社会发展与组织建设的趋势。对于学校发展而言，我们不仅要吸收其基本理念，引导学校组织的发展，更重要的是要付诸行动，用共同体的标准、规范进行学习共同体的建设，进行学校组织制度的创新。否则，学习共同体的概念就可能流于口号、陷于空泛，学习共同体的建设极有可能停留在理念层面，难以真正落实。

(二)学习共同体的理论基础有待夯实

就目前的研究来看，对学习共同体的理论基础已进行了一定的探讨，但研究还不够深入，存在明显的不平衡性。首先，从现有的文献看，对学习共同体的产生背景、概念、特征的研究很多，对学习共同体理论基础方面的专门研究则较少。其次，关于学习共同体的知识论、社会学方面的研究较多,为学习共同体建设提供了一定的理论支撑,但有关学习共同体的心理学、生态学、人类学的探讨甚少。再次,已有的关于学习共同体理论基础的研究不够深入,存在浅表化和缺乏理论深度的问题。由此可见,对学习共同体理论基础的研究还有待夯实,视野还有待拓展,应从多种视角对学习共同体进行透视,加大研究的力度、深度,夯实学习共同体的理论根基,为学习共同体的建设提供扎实的理论基础。

(三)学习共同体的实践研究亟待加强

通过阅读已有的学习共同体的研究文献,可以发现,人们对学习共同体的基本理论问题研究得较多,而对学习共同体的实践问题研究得很少,即便是关于学习共同体的实践研究,也大多停留在对学习共同体的构建原则、阶段、策略等一般问题的研究上,缺乏深入而扎实的个案研究、行动研究。事实上,实践操作中的问题远比理性的思考复杂得多,如果没有深入扎实的实践与探索、实验与行动,理论研究则缺乏动力、源泉。只有理论与实践彼此互动,对学习共同体的研究才有可能走向深入。今后对学习共同体的研究应深入学科层面与课堂层面,绝不能空泛地一般性议论。即使我们只进行理论上的探索,也要密切联系实际,努力做持续的、系统的、与教学实践密切结合的研究,这应该成为今后进行学习共同体研究的基本方向和理论发展的生长点。因此,对学习共同体的研究应脚踏实地,在不同学段、不同年级、不同学科开展实实在在的实验研究与行动研究,采用量化研究与质性研究等多种研究模式,积累丰富的典型案例与研究资料,促进学习共同体研究的具体化与可操作性,为学习共同体的理论研究提供丰富的实践资源。总之,学习共同体的研究需进一步拓宽视野范围,大力强化实践研究、行动研究,全面提升学习共同体研究的水平,引领学习共同体迈向更高层次。

第二节　学习共同体的理论基础

学习共同体的提出有着各种深刻的理论基础,其中最主要有三种,这三种理论能为学习共同体的构建提供多方面的理论支撑和更多的依据。同时,这三种理论中的每一种都具有相对独立性,分别从不同方面对学习共同体进行了阐述。

一、学习型组织理论

1990年,彼得·圣吉出版的《第五项修炼——学习型组织的艺术与实务》一书,掀起了组织学习和创建学习型组织的热潮。该书所研究的课堂学习共同体是一种学习型组织,这种学习型组织旨在培养学生的好奇心、创造性、独立性、想象力、批判性思维、冒险精神、合作精神等未来社会发展所必备的品质。这种学习型组织的特征包括以下几个方面。

(一)组织成员拥有共同的愿景

共同愿景来源于一个集体,它可以产生源源不断的向心力和凝聚力。课堂内,在共同愿景的指引下,教师与学生、学生与学生之间会形成一种默契,减少共同体成员之间的阻力,使整个群体具有凝聚力。

(二)组织由多个创造性个体组成

组织的发展离不开个人的努力,团体的整体发展离不开个人潜能的发挥,所以要想方设法释放个体的创造性,使每个人和谐发展。课堂学习共同体形成的一个前提条件就是共同体中每个成员的主体性都得到发展并发挥作用。因此,课堂学习共同体以使所有学习者都得到发展为思想,将学习视为个体逐渐参与学习共同体的过程。在学习共同体中能够整合个体与群体的学习,通过各种交往互动,不仅生成知识意义,而且形成学习者健康的自我。

(三)团体的成长

学习型组织不仅关注个体的成长,而且关注团体的成长。团体成长的根本目的是个体的成长,个体成长能促进团体的成长,二者是相辅相成、密不可分的。课堂学习共同体的健康成长可以为个体的成长提供适宜的氛围和组织保证。

（四）善于不断学习

善于不断学习是学习型组织的本质特征，主要有三层含义：一是强调终身学习，时时是学习之时，处处是学习之所；二是强调全员学习，即组织内每个个体，包括教师，都要形成学习意识；三是强调共同学习，强调个体与群体之间的合作与互动，强调双赢乃至多赢，保证课堂共同体的健康发展。

（五）开放立体式组织结构，重视共同体成员间的联系

开放立体式组织结构是鼓励合作和人性化的网络。课堂学习共同体需要构建开放立体式结构，双向决策，或自上而下，或自下而上，组织成员之间共享信息。由于学习共同体更多地依靠标准、目标、价值观、情感的相互作用而非外在的控制手段来管理，因此课堂文化是规范共同体成员行为的重要内容。

（六）以系统动力学为核心

对于一个组织的系统分析，须包含结构和政策对行为产生影响的研究，重视整体互动和非局部分析的思考方式。课堂学习共同体成员要学习这种系统的思维方式，比如，出现课堂内的纪律问题时，教师不能仅从遏制学生当时的行为方面考虑，更要从引导学生养成良好的课堂习惯方面考虑。

学习型组织讲求持续的学习、转化与改变，这是一个不断演变的过程，而不是一种固定不变的状态。学习型组织的最终目的不是建立一个学习组织，而是确立学习观念，学习不仅是个体行为，也是组织行为。在未来社会，学习氛围将成为一种强有力的社会氛围，学习将不仅是个体适应团体的需要，也是团体互动的需要。整个社会都存在着不可遏止的变革张力，形成不进则退的社会氛围和团体压力，而这种氛围能使个体产生自我提升的要求或与整个团体氛围相融洽的要求，这就是社会性的学习氛围。学习型组织理论对当今课堂教学的启示在于课堂的首要任务是在课堂内形成一种推动学习者共同学习的精神支柱（共同愿景），同时关注个体成长，通过交往互动形成强有力的学习文化氛围，并运用系统的思维

方式来思考课堂学习中遇到的障碍。

二、社会建构主义学习理论

社会建构主义是在维果茨基的理论基础上发展起来的一种建构主义,在社会建构主义者看来,世界是客观存在的,对每个认识世界的个体来说是共通的,知识是在人类社会范围里建构起来并不断被改造的。同时,社会建构主义的另一核心特色是对活动的社会性质的明确肯定,认为社会环境、社会共同体对认识活动有重要作用,个体的认识活动是在一定的社会环境中得以实现的。由此,虽然社会建构主义也将学习看成个体建构自己的知识和理解的过程,但它更关心这一建构过程的社会性、情境性。根据社会建构主义的观点,学生的学习是在学校这个特定的环境中,在教师的直接指导下进行的,主要是一种文化继承的行为,是一种高度化的社会行为。因此,教师和学生、学生和学生之间的相互作用对学习活动有重要影响。基于这样的认识,人们在小组合作的基础上提出了学习共同体的概念,即学习活动是由教师和学生所组成的共同体共同完成的。也就是说,学习不能被看作是孤立的个人行为,而是学习共同体的共同行为,共同行为与个人行为之间存在一种相互依赖、相互促进的辩证关系。

根据社会建构主义的观点,学习是在一定的情境,即社会文化背景下,通过人际的协作活动而实现的意义建构过程。因此,建构主义学习理论认为"情境""协作""会话"和"意义建构"是学习环境中的四大要素。其中,"意义建构"是整个学习过程的最终目标,所要建构的"意义"是指事物的性质、规律及事物间的内在联系。在学习过程中帮学生建构意义,就是要帮助学生对当前学习内容所反映的事物的性质、规律及事物间的内在联系达到较深刻的理解。课堂学习共同体也强调成员之间的交往互动,强调在课堂内创设一定情境,在情境中使成员自主建构意义。

总之,以上两种理论都特别注意在学习环境中营造文化惯例,要求学习者进入并适应课堂学习共同体的文化,强调共同体的角色和社会环境在知识创建中的作用。

三、人本主义学习理论

人本主义心理学在二十世纪五六十年代兴起于美国,是美国当代心理学主要流派之一。以马斯洛、罗杰斯等人为代表的人本主义心理学派强调人的自主性、整体性和独特性,认为学习是个人自主发起的、使个人整体投入其中并产生全面变化的活动,学生的内在思维和情感活动极为重要。因此,人本主义不仅重视认知能力的发展,更重视情感、意志的发展。罗杰斯认为教学不是灌输,而是师生之间平等的交流。他重视移情,认为如果教师站在学生的角度看问题,学生也体会教师的心理,那么双方就能相互理解,产生相同的情感体验,减少排斥和对立,促进交流与合作。基于相同的情感体验,学生会产生对集体的归属感,这对学生形成正确的情感、态度和价值观是至关重要的,因为拥有理解他人和被他人理解的双重体验是产生归属感的重要条件。

关于归属感的需要,人本主义者有专门的研究。心理学家马斯洛把人的需要按照满足的先后顺序分成不同层次,当生理和安全的需要得到满足后,人会产生归属的需要,希望自己属于一个团体,希望被家庭、学校或同伴所接纳。学生要有归属感和被接纳感才能投入地学习,其心智才能健康发展。

理解共同体的关键是理解它的集体意识概念,即集体道德意识、相互的义务和集体参与。参与共同体有三个因素:责任、依恋和自主。责任指把承担集体的任务看成自己的义务;依恋指对集体的承诺、认可、归属感;自主指个体有权决定他们想获得的知识和理解的意识。当集体不能对其成员产生感召力时,个人会感觉到无归属感,与集体的联系感随之减弱,这些成员就会被边缘化。在课堂上,这种被边缘化的原因大多来自课堂,因为这些课堂只用规则来规范学生的行为,学生违反规则就会被排斥,并且课堂很少注意在学生与班级之间建立情感联系,给予他们更多的关注和理解,使之产生归属感。这种情感的联系是人本主义提倡的,学习共同体也重视这种情感的联系和归属的需要。有研究者对它进行研究时提出了理性的联系和文化的联系两个概念。理性的联系指规则的约束作用,文化的联系指情感和核心价值观的力量。学习共同体的倡导者们认为削弱传统课堂中理性的联系,建立文化的联系是建立学习共同体的核心环节。

第三节 课堂学习共同体的提出和本质

一、课堂学习共同体的正式提出

说到课堂,任何一个经历过学校教育的人都不会觉得陌生。毋庸置疑,课堂是一个承载着特殊社会功能和文化使命的组织,一个供教师和学生开展教与学活动的场所。虽然在大多数情况下,课堂总是局限在学校的有限空间里,但课堂本身既非真空的密室,亦非游离于社会的存在。课堂中所发生的任何现象都是时代背景下的社会与文化的缩影,与课堂之外的问题息息相关。

真正提出课堂学习共同体理念的是佐藤学教授,他批判了所谓的"极端课堂":它是由那些缺少人情味的硬邦邦、干巴巴的关系而构成的课堂。他认为,课堂是教师与学生进行教与学的主要活动场所,课堂要被赋予特定的社会功能和文化使命。课堂的物理空间虽然有限,但课堂并没有脱离社会,课堂中发生的任何现象都反映了特定时代的社会和文化。佐藤学根据课堂所特有的社会性和文化性,将其分为三种具体的社会形态——原始共同体社会、群集性社会和学习共同体。

在原始共同体社会的课堂中,学生是以统一的意识和行为表现为原则聚集起来的。在这样的共同体中,学生不允许拥有与集体意志相违背、相排斥的意识和行为。他们被局限在集体性、共同性的活动范围中,被限制在学习相同的知识和文化内容的框架里,甚至连对教师的态度也得表现为绝对的尊敬和信赖。可以说,原始共同体社会是一个排他主义色彩浓厚,缺乏容纳异质性事物的胸怀,忽视个体自由和自立的集权式社会。

群集性社会是一种以个人自主为前提的社会形态。在这种共同体中,每个人都在创造着属于自我的空间,他们的意识和行为完全摆脱了集体意志的束缚,完全脱离了任何的人际关系脉络,原本存在于共同体中用于维系人际亲和关系的情感纽带被割断,人与人之间的角色约束关系被消解,围绕成绩排序的竞争意识日益增强。这样的课堂实质上已沦为徒有虚名的集合体,共同体的性质早已荡然无存。在群集性社会中,教师与学生就好比契约的双方,他们的关系就好比提供教育服务的专家与享受教育服务的顾客。

课堂社会的第三种形态——学习共同体,正是人们意识到上述两种社会形态的弊端后,从而在加以变革的实践中形成的。在学习共同体的课堂中,每个学生既生活在各自自主的世界里,又通过与他人的社会亲和关系,生活在课堂共同体的世界中。因此,通过个体性活动与合作性活动的统一,寻求个性认识的交流与共享,构筑社会的、文化的、实践的共同体关系,也就成了学习共同体社会中师生的主要使命。这时的教师既作为教育专家存在,又作为学习者、建构学习共同体的指导者和共同体的一员而存在。

佐藤学认为,当课堂作为原始共同体社会时,学生的意识和行为表现是以整齐划一为原则的;当课堂作为群集性社会时,学生的意识和行为逐渐摆脱集体意志的桎梏,开始脱离人际关系脉络,围绕成绩排序的竞争意识日益增强;而学习共同体既克服了原始共同体排他性的缺点,又避免了群集性社会中因个人主义的无限膨胀而导致的危险,扬长避短,集两种社会形态的精髓而成。因此,学习共同体的课堂才最有利于学生的生存和发展。

二、课堂学习共同体的本质

依据学习共同体的理念构建的课堂称为课堂学习共同体。学校课堂学习共同体是由学生和教师共同组成的,在课堂内,以完成共同的学习任务(课程)为载体,强调在学习过程中以知识意义的自主建构学习观为指导,通过人际沟通、交流和分享各种学习资源而形成相互影响、相互促进的学习文化氛围,以促进成员全面发展为目的。

笔者认为,课堂学习共同体的概念是在"共同体"以及"学习共同体"概念的基础上提出的,它是一种课堂环境,其成员拥有共同的目标、共同的关系、共同的情感取向和行为标准,并且互相关心。课堂学习共同体是由学习者和助学者(包括教师、专家、教辅人员、家长等)共同构成的团体,他们通过共同的学习任务联系起来,在学习过程中通过互相交流、对话、共享各种学习资源、互相协作、彼此欣赏共同完成学习任务,从而在成员之间形成相互影响、相互促进的人际关系。

课堂学习共同体是一个个性交织于共性的社会形态,共同体中的每个人既处于自己的世界,又通过与他人的社会交往而生活在共同体中。其最本质的特征是师生具有共同的学习目标,将外在的学习要求转变为内在的自觉行为和主动探索,并借助基于师生关系的共同体平台进行学习与创新,通过自主、合作、探究学习获取知识,提升能力,丰富情感,完善人格,构建以学生发展为本位的高效课堂。它的支持系统包括教师的学识支持、学生的智力支持和共同体成员之间的互动支持,这三者关系如图1-1所示。

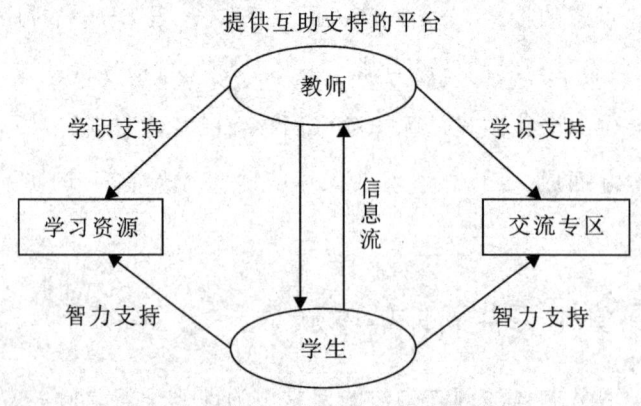

图1-1 课堂学习共同体支持系统

由此可见,课堂既是一个学习型组织,又是一个微观的共同体。把课堂理解为学习共同体,就是要建构一种新型的以学生为本位的课堂教学模式。针对课堂的问题建构新型的学习共同体的课堂,在课堂教学价值取向上,课堂教学要从"知识世界"回归"人的世界",倡导多元和全面评价观,还学生一个健康的学习过程;在课堂教学模式的构建上,要将日常生活世界中的经验、体验和交往迁移到课堂生活世界里,在教材内容、教学方法上注意人的直接经验与知识文本的间接经验的结合,共同体成员之间的互动要体现人性化、生命化的特点;在课堂教学过程中,还教师与学生专业生活世界之外的日常生活世界的时间与空间。

第四节 课堂学习共同体的特征

一、倡导互惠合作

课堂学习共同体是一个有机的、和谐的生态系统。在这个系统中,学习者和助学者在一个特殊的环境——课堂学习共同体中互动,以完成共同认同的有价值的活动和任务为目的。在课堂学习共同体中,学习者和助学者因共同的学习目标聚集在一起,各自承担不同的学习任务,并对学习共同体负责,形成一个相互影响的、有机的、和谐的系统。学习共同体成员除了与学习共同体内部其他成员进行交流和学习外,还不断与学习共同体外部其他的学习共同体及其成员进行交流和学习,使学习共同体不断发展,达到更加和谐的程度。

心理学家曾做过这样的实验:在两个初中生英语实验项目中,尽管教师都强调了学生主动行为的重要性,但是一位教师把这种主动行为理解为学生在学校是否勤奋、顺从和尊重权威,另一位教师则将这种主动行为理解为学生在学校中的相互帮助、关心和理解。结果,学生在后者班级中表现出更多的互助和支持。一般来说,班级里学生的共同体意识越强,在关于积极的价值观、互动冲突解决、越轨行为反馈、助人学习动机及内部动机等方面的测试中就越会有更好的结果。在这样的班级中,教师鼓励互惠合作学习的行为显得格外重要。另外,越是内在价值和准则的高级道德观起主导作用的班级,共同体意识越强,在一个有着强烈共同体意识的环境中成长的学生,更可能按照伦理规范和利他原则来行动。

课堂学习共同体存在的本质是课堂中教师和学生具有共同愿景,离开了课堂学习共同体对共同愿景的追求,课堂学习共同体就丢掉了灵魂。课堂学习共同体的目的不是将教学目标的信息灌进学生的大脑,而是关注师生在面对各种情境时所进行的对话过程中的思想生成和持续改进,实现共同的目标。但是在课堂共同体中每个成员的能力和知识都是有限的,所以需要结合每个成员的力量,将课堂学习共同体的共同愿景转化为每一位成员的目标,成员一起分享知识、互助合作,才能使课堂学习共同体的共同愿景得到实现。

二、具有共同愿景

课堂学习共同体理论倡导课堂是由活动与情感交织共生的生活世界,是每个学生体现智慧能力、丰富情感世界、提升创造力的重要场域。与传统的课堂教学不同的是,课堂学习共同体中教师教的目标和学生学的目标是共同体中每个成员都认同的共同愿景。彼得·圣吉在《第五项修炼——学习型组织的艺术与实务》中指出,共同愿景就是大家共同愿望的景象,是人们心中一股深受感召的力量。人们脑海或心中所持有的意象或景象形成个人愿景,而组织中人们所共同持有的意象或景象能创造出众人为一体的感觉,使各种不同的活动融汇起来并遍布到组织全面活动的就是共同愿景。个人愿景的力量源自个人对愿景的深度关切,而共同愿景的力量源自共同的关切,使共同体成员寻找到共同的情感归属是课堂学习共同体所有成员的共同信念和要达成的目标。

从价值观的角度来看,课堂学习共同体的构建需要有一个观念认同的过程,有了观念认同,共同体成员才能获得自我的归属感,才有可能将共同体的要求和规范转化为自身的自觉行为,并为实现这个共同愿景而努力奋斗。在课堂学习共同体发展的初级阶段,特别是新的课堂学习共同体组建的初级阶段,共同体成员都有很强烈的归属感,每个人都希望自己被别人喜欢与接受,自我的价值能够得到体现,并试图在课堂学习共同体中找到适合自己的位置。所以在这个阶段,教师要善于发现学生身上的潜能和特长,尽量使每个学生都找到自己的价值,并确定他们在班上的身份认同,每个成员在实现个人愿景的同时,课堂共同体的共同愿景也在逐步实现,最终使课堂学习共同体成为一个和谐统一的场域,所有成员为实现共同愿景而共同努力。

三、遵守课堂规范

课堂是错综复杂的,在这里会形成友谊,也会发生冲突,还会有聚会、参观及大量其他活动。因此,要把课堂建设成学习共同体,必须有成员协商、制订、认可并能自觉遵守的课堂规范,这样成员才能更好地处理个人利益与共同利益之间的矛盾,确保顺利地完成共同的学习任务。

课堂学习共同体中的课堂规范是指管理和完善学习者个体与共同体之间交往活动的程序,是规范和约束学习活动的外部规定、法则、惯例,以及共同体成员之间形成的内隐的社会规范、标准和关系等。规则指导着能够为课堂学习共同体所有成员所接受、所执行的实践活动,调控着整个课堂学习共同体内的活动及各种交互关系。在课堂学习共同体中没有人能够掌握法定的控制权,因此课堂学习共同体中的常规、惯例、共同的理解、解决争端的规则和交流管理的规则等,都是经过所有成员的协商、协议、相互调适而制订的。也就是说,课堂学习共同体的规则是考虑了共同体各方的意见后,经由各方协商而得到的规则。只有各方协商一致的规则,才能在师生的心灵中得以内化,才能把课堂学习共同体的要求转化为师生的自身需求。规章制度内化为师生的行为标准的前提是必须符合实际。课堂学习共同体的规章制度应该符合实际的课堂需要,应该重视师生主观能动性的发挥和自我教育的作用,从师生的生活需要和发展需要出发,激发师生共同的情感,引起情感共鸣,并能够在课堂学习过程中自觉地内化为自己的行为标准。

四、营造文化氛围

课堂本身是一个小社会,一个特殊的社会。它首先是一个正式的社会活动场,然后才是一个教育活动场。它不仅是一个预设的学习共同体,还是一个社交场所。这个社交场所的文化氛围直接关系到每个成员之间的交流是否顺畅、合作是否有效,因而要创建一个宽松积极的课堂文化氛围,为共同体成员的学习创造有利条件,使每个成员积极向上,乐于共同开展课堂活动,从而发掘自己的最大潜能,最终顺利完成学习共同体的学习任务。

积极健康的文化氛围是建立具有凝聚力的学习共同体的基础。任何群体都具有自身的个性文化价值体系,群体的共同文化价值是群体成员相互理解、相互信任、互为归属的基础,是一个群体形成、发展、成功的保证。在学习共同体中,各成员有着共同的学习目标,遵守相同的规则,有着相同或相近的价值取向和偏好。这种相同的文化价值观念是学习共同体的黏合剂,它对共同体中的每位成员都具有强烈的感召作用和凝聚作用。

共同体的文化主要起规范和比较评价的作用。人一般都有趋同心理,都希望与多数人的观念协调,否则就会产生孤独感和失落感。如果共同体能够坚持把认同共同体文化规范的行为称之为正当的并加以奖赏,把排斥、违反共同体文化规范的行为称之为不当的并加以处罚,那么在这个过程中,共同体文化就能对共同体成员个体行为起到规范和调节的作用,从而保证共同体凝聚力的不断增强。

文化规范标准的形成,一方面规范着共同体成员的行为,另一方面也成为共同体中的个体评价自己的标准和原则的出发点。在共同体的学习活动过程中,学习者以共同体的文化规范标准对自己和他人做出评价,对自己的行为中不符合共同体文化规范的部分做出调整以适应群体的要求,从而将共同体的文化价值观念内化为个人的文化价值观念。当然,共同体文化价值的平衡必须以承认共同体成员的相对独立性和自主性为前提,尊重成员自我价值的需要,支持和鼓励成员实现自己的人生价值,维护自己的人格尊严。

第五节 课堂学习共同体的基本原则

一、差异性原则

组成学习共同体的学习者具有不同的背景和兴趣,而助学者(教师、专家、教辅人员、家长等)也具有不同的背景和能力。学习者和助学者之间也是有差异的,但他们尊重彼此的差异,能共同创造一个温馨的港湾,让所有成员都有安全感和归属感。

教育的真正作用是使每一位学生都有自尊,使他们为自己的行为感到自豪。所以在课堂学习共同体中,要充分尊重个体的差异,维护他们的尊严,学习者也要尊重他人的贡献与不同点。课堂学习共同体承认学生个体之间存在的差异,认为差异是绝对的,而一致性是相对的。在课堂学习共同体中,学生是一个独特的生命存在,具有自己独特的生命价值和生活意义,具有自己独立的人格和尊严。尊重学生的差异,就是对其人格和天赋的尊重,这种尊重能唤醒学生自我存在的意识,让学生看到自己的闪光点,看到自身的价值。在课堂学习共同体中,尊重学生的差异有两个方面的含义:一是承认学生的发展程度是不同的,并不是均衡发展的,不能要求每个学生都达到一样的水平,而应让每个学生在原有基础上和不同起点上获得适合自己的最优发展;二是承认学生个体的独特性,每个学生的天赋是不一样的,教师应尽力捕捉他们身上表现出的潜能和创造性,让每个学生形成自己鲜明的个性和特征。课堂学习共同体将学生的个体差异视为一种宝贵的课堂资源,因为正是这种差异构建了一个丰富的多元化的课堂,引领了师生、生生之间心灵上的对话。

二、参与性原则

课堂学习共同体中的学生对课堂的参与是一种有目的的学习,是以科学家的方式对学科领域的高级参与。学生能够在一个新的话题开始时根据自身理解的需要提出问题,能够聚焦自己真正感兴趣的事物,而不仅仅是阅读课文和做基于课文的习题。当学生围绕科学主题直接从事合作性知识建构的讨论时,教师应引导他们遵循科学探究的规则,使外在的知识转化成为内在的知识。

例如,在英语课堂上,学生表达自己真正的兴趣,教师激励学生为寻求开放性、拓展性问题而努力,引导学生参与合作探究,而不只是理解课本上的阅读短篇。当这些合作参与的理念被运用到课堂中培育学习共同体时,学生就会成为探究话题的激情参与者,运用他们所掌握的知识分析问题,提出观点,发表核心看法。所以在课堂学习共同体中,学习者并非只是阅读课本或聆听教师总结的经验、发现,而是积极从事学科领域相关的实践,即学习者会把原理性知识"抛锚"到具体的教学实践情境之中,以问题解决为目标,在拓展运用中加工、理解和掌握这些原理性知识,获得自身的内在发展。

三、主体性原则

学生是课堂探究的主人,具有利用问题寻找解决方法的权利,他们把问题作为值得通过努力解决的真实困难,并对努力找到解决办法负责。如果学生只是猜想教师想要的答案,提出教师期待的方法,那么学生就无法养成科学的思维方式,也就不可能获得自身的进步并产生学习的幸福感。课堂学习共同体是教学主体共同确立意义、构筑人际关系的社会、文化共同体,其师生关系是借助交互主体式的实践构筑的共同体关系。在教学过程中,教师通过各种有效的教学策略启发、培养、加强学生的主动探究精神,引领学生从被动接受式学习中摆脱出来,把自身当作认识客观世界与未知知识领域的主人,不断发现、解决问题,并让学生经常处于探究的激情之中,促使学生形成自主探究的能力,培养学生在共同体中的主人翁精神,充分发挥学生在共同体中的作用,使学生的自我价值在课堂学习共同体中得到体现。

四、共享性原则

共享性原则体现在两个方面:一是资源方面,二是知识方面。从资源的角度来看,课堂包括教师资源、空间资源和教学资源,学生在课堂中不是孤立存在的,而是经常会与外界进行信息和情感的交流,深受课堂中的教师、事物和氛围等因素的影响,因而具有丰富性和多样化的特点。然而,相对于学生资源的丰富性和多样化,课堂资源则显得相对有限和单一,尤其是优质的课堂资源具有相对稀缺性,所以需要构建课堂学习共同体来保证课堂资源的公平分配,即在课堂资源面前,让每个学生有均等的机会。从知识层面上看,在真正的课堂学习共同体中,每个成员既是学习者,又是潜在的教师,知识的拥有者与知识的传授者、教师与学生之间没有绝对的分界线。在这里,学习者之间是合作共享的关系,而不是相互隔离的关系。从某种意义上讲,教学主体之间的合作是共享、互惠的关系,是教学主体之间共享知识、共享经验、共享智慧、共享生活意义和生命价值的过程。在这种对话、合作、共享的过程中,学习主体之间实现了差异性与丰富性、独特性与完整性的有机统一,从而突破了个体生活经验的狭隘性和封闭性,丰富了个体的精神世界。学习者在课堂上能自由地表达自己的见解,提出疑问,能在教师、专家的引导下自主探索,自由地对其他发言者进行评价。教师采取积极鼓励的方式,使学生在心理上产生安全感和认同感,能够大胆、自由地表达自己的见解,使课堂上的对话始终以学生的想法为基础,促进学生对某一主题拥有共同理解,达到知识共享的目的。

第二章

英语学习共同体的学习策略

在教育心理学与学习理论领域,学习策略研究是随着对学习方法的不断探索而发展起来的。研究者们曾试图找到一种所谓"最佳"的学习方法,学习者一旦掌握了它,就能一劳永逸地进行有效的学习。但事实却一再告诉人们,对某一学习者甚为有效的学习方法,却不一定适合于另外的学习者,此时的"最佳"方法在彼时却变成了"非佳"甚至"最劣"。因而,当今研究者们开始把学习方法的选用置于广泛的学习情境中进行考察,重视各种学习变量对学习方法选用的影响,从而对各种学习变量、元认知与学习方法选用关系进行研究。这就把对学习方法的探索提高到一个新水平,即策略性学习的水平。而从主体性教育的角度来看,策略性学习显然符合主体性教育的要求,二者具有内在的一致性,因而提倡主体性教育就不能不研究策略性学习。

第一节　学习策略的含义

一、学习策略的理论研究

对学习策略的确切含义,研究者们持有不同的看法,他们多从认知心理学的角度,对学习策略的某一个或两个要素进行探讨,因而下定义时使用的术语各异,诸如知道何时、何处及如何记忆、学会学习、智力技能训练、学习技能、记忆策略、认知精致策略等,都被认为与学习策略有关。概括起来,对学习策略的含义有以下三种理解。

(一)单质说

单质说是将学习策略归结为某单一特质的观点,持这种观点的研究者又可分为两类:一类认为学习策略就是具体的学习方法或技能,可称之为"方法说";另一类,则认为学习策略是学习的调节和控制技能,可称之为"调控说"。方法说主张学习策略属于信息的加工部分,是学习者在编码、储存、检索、运用信息解决问题的认知过程中直接加工信息的认知方法或技能。例如,里格尼认为,学习策略是学生用于获得、保持与提取知识和作业的各种操作与程序。梅耶认为,学习策略是学习者为影响其如何加工信息所使用的各种行为,这些行为包括画线法、概述、复述等方法的使用。他认为,人类学习体现在量和质(学多少和学什么)两个方面,学习策略也就是从这两个角度作用于信息加工过程的各个阶段,引起不同深度和广度的认知加工,从而导致不同数量和质量的学习结果。主张调控说的研究者认为,学习策略属于信息加工模式的调控部分,是指主动的学习者在认知过程中对信息加工过程实行调节与控制的一系列技能。如尼斯比特就认为学习策略是一系列选择、协调和运用技能的执行过程。通常持调控说的研究者都表示,学习策略不包括具体的学习方法或技能,它是执行控制加工活动的过程,是选择、排列、评价、修正或放弃认知方法的手段。它属于学习的认知策略的范畴。他们使用"认知策略"这一术语,泛指那些能够促使个体在各种解决问题的情境中对其思维执行控制的各种智慧能力。当个体面对如何学习的问题时,这种智慧能力便使其能够提取先前习得的、作为学习行为基础的各种态度、观点和技能,以构成一种学习策略。

(二)双质说

持这种观点的学者主张学习策略不单是学习方法或学习的调节与控制技能,而是二者的有机统一。他们认为,有效的学习策略是能够促进获得、储存和使用信息的一系列过程或步骤,学习方法和学习的调节与控制同属于学习策略的范畴,它们相互联系,在学习过程中担负着不同的功能。一般而言,学习方法直接作用于信息加工过程,用于信息的编码、保持、提取和运用;学习的调控则作用于个体,用于维持、调节和控制学习者的内部状态,使学习方法能够有效地发挥加工信息的作用。例如,丹塞雷认为,学习策略应包括两类相互联系的策略:主策略和辅策略。主策略为具体的直接操作信息,即学习方法;辅策略则作用于个体,用来帮助学习者维持一种合适的内部心理定向,以保证主策略有效地起作用,它包括:目标定向和时间筹划;注意力分配,包括激活和维持积极的学习情绪的策略;自我监控和诊断,其作用是引起学习者定期检查自己的学习情况,必要时调整自己的理解、注意和情绪。值得注意的是,丹塞雷学习策略体系的一个显著特点,就是它包含了信息加工范畴和情感范畴两种因素,同时也注意到学习方法与运用这些方法的学习调控技能之间的关系。

(三)元认知调控说

这种观点认为,学习策略是与元认知相联系的、比具体学习方法更高一层的、有组织的学习调节与控制活动,其功能在于调节与控制整个学习过程及具体学习方法的选用。持这种观点的学者把具体的学习方法称为学习技能。他们认为,学习策略与使用具体课题的学习技能是两个不同的概念。学习技能指向特定的学习课题,是作用于具体学习材料的方法及操作,学习策略则是控制与调节学习技能所选用的执行技能。他们指出,尽管学习策略与学习技能有区别,但又密不可分。学习技能使用在学习策略的实施过程中,为实现策略性的学习服务;学习策略处于学习技能的更高等级,执行着对学习技能的选择与使用的调控,学习技能是学习策略所作用的对象。

二、学习策略概述

根据以上研究的成果可知,学习策略是为实现一定的学习目标,依据元认知及对学习情境中各因素及其关系的综合把握,对学习过程特别是学习方法与技能进行监督与调控的内部活动。这包括如下三方面的含义。

(一)学习策略的实质

学习策略的实质表现为对学习过程的内部监控与调控,主要包括两个方面。

1.监控学习主体的内部状态,如与当前学习活动有关的注意、情绪、记忆、思维等,使心理活动状况与正在进行的学习过程高度协调一致,维持最佳水平,提高学习效率。

2.选择、调控学习方法与学习技能。学习策略不同于具体的学习方法与学习技能,也绝不仅是一系列学习方法与技能的简单叠加。学习方法与技能是操作、加工学习材料的具体方式,他们往往具有特定的使用条件和适应性。而当各种学习方法与学习技能的使用条件和适用范畴被学习者所掌握,并能在学习过程中加以选择、应用及自觉调控时,学习活动就表现为策略性学习,学习策略就被有意识或无意识地使用了。可见,学习策略不是学习方法和学习技能,但又有机地将它们包容到自身结构内,借助它们而得以体现。学习方法与技能表现于外,学习策略运筹于内。正是学习策略使学习活动成为不拘泥于既定方案的动态过程,保证学习活动卓有成效地进行。

(二)学习策略的依据

元认知及对学习情境中各因素及其关系的综合把握是选择、调控学习方法与学习技能的依据。元认知是一个比较复杂的概念,它实质上是个体对自己的认知活动的自我意识和自我体验,对学习过程的监控正是在元认知的基础上才得以实现的,因此元认知在策略性学习活动中有重大意义。此外,学习心理学的研究表明,学习过程由认知活动、学习者的特点、学习材料、学习目的和任务等多种因素组成。这些因素及其关系是影响学习过程的变量,学习者据此调控学习过程,如计划进程、选用学习方法与技能,并在使用过程中加以评价、维持或调整,使学习方法以及从事的学习行为表现出变化、伸缩和灵活的特征。

(三)学习目标是学习策略的出发点和归宿

毋庸讳言,目的性是人的一切有意识活动的特征。目的作为活动的结果,指导着人的活动。学习策略的实质在于对学习过程进行有效的监督、调节与控制,那么监控的理想指标就是学习目标。从学习活动开始,到学习进程中,学习者都必须将拟定的计划、已取得的成果与目标相对照,以得到的反馈信息为依据调控后继的学习进程,或转移注意方向,或变换学习方法,或重新调整学习目标。此外,学习目标不同,将直接影响学习策略的形式。

总之,学习策略是主动的学习者根据内外环境的变化,具体问题具体分析,自觉调控自身心理状态、学习方法与学习技能,保证学习高效、成功地进行的一种高级技能。能否有效使用相应的学习策略,是区分学习者是否已学会学习的重要标志。

三、主体性教育领域中的策略性学习

主体性教育作为一种教育哲学思想,其走向实践的过程,就是其对教育系统中的各种因素及其关系产生影响、发挥指导作用的过程。学习作为教育必不可少的核心要素和伴生活动,正是主体性教育大有可为及获得证明的领域。

(一)策略性的学习与主体性教育的有机统一

主体性教育的指归,乃是学生主体性的培养。这是适应时代对人的要求而提出的一种培养目标,但同时也要求一种新的教育方法。因为主体性人格的形成,必须借助主体性的教育手段,即将学生看作自身发展的主体,把发展的主动权交还给学生,这体现出目标与手段、结果与过程的统一。因此,所谓主体性在教育的范围内,是指学生通过积极的自我意识对自身现状和发展前景的自省、自控、自觉、自为的特性,即自己成为自身发展的主体。如此看来,教育能否成功的关键,在于是否帮助学生形成了积极正确的自我意识,并善于自我反省、自我监控,主动选择和构建自己的身心素质。显然,这里的教育过程同时也是学生的学习过程。这样,在主体性教育的视阈内,教育过程与学习过程实现了内在的统一,学习过程实际上就是自我教育过程。从这个角度反观学习策略问题,它就不再是局限于认知领域的信息加工技能,而具有了更为广阔和深刻的教育意蕴。

(二)策略性学习的能力是主体性教育的目标之一

从心理学的角度来看,学习是指有机体在后天的生活活动中获得或改造个体经验以适应和创造自身生存环境的过程。人类学的研究表明,相对于动物而言,人的原始特性在于生理构造上的未特定化、反应机制上的未确定性、生存功能上的不完备性。因此,对人而言,学习是人的一种生存方式,具有至关重要的意义,历来为人类所重视。

学习策略的研究,实际上揭示了人学习的两大类型:一类是个体直接获得或改造经验的学习,其结果可直接用于改变人的生活;一类是个体获得学习机制的学习,即获得如何改造和获得经验的经验。前者重在学习内容而引起的实用结果,后者重在由学习过程而引起的心理形式,一般而言后者是伴随前者发生的,是一种伴随性的学习。它是否发生以及性质如何,都要视具体学习情境中的各种变量及其关系而定,是一种需要精心设计、着力培养的学习。

从人的生存意义来看,第一类学习固然重要,但第二类,也就是元学习更具实质性。在一个发展缓慢的社会里,靠第一类学习掌握一定的经验即可维持生活,但是在当今飞速发展、实时更新的时代里,仅仅靠已经掌握的经验不可能跟上时代的步伐,领悟当代人生所应有的丰富内涵,甚至可能产生生存危机。只有学会了元学习,才能面对不断变换的各种局面主动把握、引导发展的方向,积极开拓和自觉实现人生价值。而所谓策略性学习的能力,就是熟练掌握了元学习的机理并灵活加以运用的素质。从本质上说,这是一种自知、自控的能力,是主体性人格的一种体现,也是主体性教育的一个重要目标。

总之,如何通过主体性的教育,使学生形成有效的学习策略,从而使学校教育与学生学习达成双向互益的良性统一整体,既是学习策略研究升华的方向,也是主体性教育研究深化的途径。

第二节　合作学习与自主学习策略

合作学习和自主学习看起来是两种相互对立的学习策略,但合作中有自主,自主中也有合作,二者是不能分割的统一体,不过在具体操作时,二者的侧重面又有所不同,下面分别对这两种学习策略进行探讨。

一、合作学习

(一)合作学习的定义及构成要素

现在国内外关于合作学习的理论不下百种,可以说"合作"是一个宽泛的概念。国内大致把合作学习分为以下四种,即师生互动、师师互动、生生互动、全员互动。而当前理论研究的热点和我们应给予关注的是以生生互动为主要特征的合作学习。

1.合作学习的定义

合作学习在不同的文献中有不同的定义,下面列出的是一些常见文献中有关合作学习的定义。

(1)合作学习是指让学生在小组中从事学习活动,并依据他们整个小组的成绩获取奖励或认可的课堂教学技术。

(2)合作学习就是在教学上运用小组,使学生共同活动最大限度地促进他们自己以及他人的学习。

(3)本质上讲,合作学习是一种教学形式,它要求学生在一些由2~6人组成的异质小组中一起从事学习活动,共同完成教师分配的学习任务。在每个小组中,学生们通常从事各种需要合作和互助的学习活动。

(4)所谓合作学习,就是指课堂教学以小组学习为主要组织形式,根据一定的合作性程序和方法促使学生在异质小组中共同学习,从而利用合作性人际交往促成学生认知、情感的教学策略体系。

(5)合作学习是一种指在促进学生在异质小组中互助合作,达成共同的学习目标,并以小组的总体成绩为奖励依据的教学策略体系。

(6)合作教学乃一种创新的教学设计,目的在使学习活动成为共同的活动,其成败关系团体的荣辱。

总而言之,合作学习是以现代社会心理学、教学社会学、认知心理学、现代教育教学技术等为理论基础,以开发和利用课堂中人的关系为基点,以目标设计为先导,以全员互动合作为基本动力,以班级授课为前导结构,以小组活动为基本教学形式,以团体成绩为评价标准,以标准参照评价为基本手段,以全面提高学生的学业成绩和改善班级内的社会心理气氛、形成学生良好的心理品质和社会技能为根本目标,以短时、高效、低耗、愉快为基本品质的一系列教学活动的统一。[①]

2.合作学习的构成要素

由于研究的侧重面不同,不同的专家对合作学习的构成要素的论述也不相同,下面列出三种理论。

(1)三因素理论:小组目标、个体责任、成功的平等机会。

(2)四因素理论:小组形成与管理、任务设计、社会因素、探索性谈话。

(3)五因素理论:积极互助、面对面的促进性活动、个体责任、人际和小组技能、小组自评。

(二)合作学习的实施

合作学习是一种能充分发挥学生主体作用,变师生单向交流为合作、多向交流,使不同层次的学生在互补互促中共同提高的一种学习形式。其最大的优点就在于创设了一个轻松、民主、愉快的学习氛围,使学生学得主动、学得轻松。合作学习主要是指导学生在小组或团队中完成共同的任务,有明确的责任分工的互助性学习。在合作学习的过程中,学生不仅可以相互间实现信息与资源的整合,不断地扩展和完善自我认知,而且可以学会交往、学会参与、学会倾听、学会尊重他人。因此,合作学习是课程标准所提倡的学习方式之一,可以从以下几点来培养学生的合作学习习惯。

---

① 韩佳玲.信息技术背景下英语互动教学模式研究[M].北京:中国纺织出版社,2022.

1. 培养集体主义精神

在小组合作学习的初期,往往会出现许多不和谐的现象,小组合作基于形式,不是自主学习,而是放任自流。因此,在教育活动中要教育学生小组成员之间要以诚相待、荣辱与共,不计较个人的利益得失,都要为一个共同的目标而努力,都要为小组的学习任务承担一部分责任,要对自己的学习负责。

2. 培养合作学习习惯

在课堂教学中有些同学自信心不足,或是基础太差,导致他们并不活跃,但其实每位学生都希望有展示的机会,这就需要培养他们的合作精神和习惯,学生在合作过程中就能做到群策群力,潜能就能得到较好的发挥。久而久之,学习小组的成员就会紧紧地团结在一起,形成一个高效、充满激情的学习团体。所以教师在设计教学时要做到以下三点。

(1)在活动中体现合作精神。玩是儿童的天性,他们是在玩中长大的。教师可以开展班际足球赛、小组拔河比赛、手工制作比赛等,这些活动,都要靠团队中的每个成员共同完成,不管是成绩好的学生,还是成绩差的学生都有展现自己的机会,使学生在无意间感受到团队的力量。

(2)设计要科学。在课堂教学中,教师要尽量设计一些一个人操作不方便,只有两个或两个以上的人才能操作的内容,设计一些有吸引力的研讨主题。这个主题应该是开放的、有价值的、有挑战性的、学生感兴趣的,有利于培养学生的思考能力、语言能力、创新意识和人际交往能力。

(3)合作形式的多样性。在课堂教学中,学生与学生之间的合作形式多样、活泼。学生可以同桌合作,也可以在班内找自己的好朋友合作;可以四人小组合作,也可以小组和小组之间进行合作;还可以横向小组合作、纵向小组合作、好朋友小组合作等。要让学生们在积极的参与中,无拘无束地进行交流,通过彼此间的交流,使学习能力不断地得到提高,学生的合作意识得到有效的加强,同时培养了学生的竞争意识。

3. 有序组织合作学习

现在的小组合作学习存在着形式上是合作,但在思想上多半还处于

"单打一"的状态,即小组合作学习的目标没有落实好。首先学生在合作时,要有具体的目标,对于该做些什么、怎么做都要做到心中有数,才能保证合作学习的有序进行;其次要对学习小组进行明细分工,学生就不会因为没事干而开小差;再次是成员之间的角色经常更换,如组长、记录员、资料员、报告员等由每个成员轮流做。组长负责组织、管理工作,记录员负责合作过程的记录工作,资料员负责学习资料的收集工作,报告员负责写学习报告,代表小组进行学习成果汇报。让每个成员都来当组长,使他们感受到小组合作也是自己的事,从而培养了他们的合作精神,在长期有效的训练中学生的合作学习习惯自然能够得到强化。

4. 引导学生在合作学习中自我完善

教师要在课堂上着力营造民主、平等、和谐的教学氛围,激励学生无拘无束地表达自己的思想、表露自己的情绪、表现自己的才干。与此同时,教师要引导学生学会倾听别人的观点,即便是有缺陷的表述,也应耐心倾听,不要随意打断,当学生的思维过程与行为选择存在着某些局限或偏差,或者不被其他同学所理解时,要引导学生梳理思路、自我完善。

合作意味着人人参与,意味着平等的对话,意味着教师将由居高临下的权威转向"平等中的首席",为此,要尊重学生的人格,把话语权还给学生,把课堂变成与学生平等交往的场所。创设开放的、贴近学生生活的教学情境,激发学生求知的欲望与兴趣,同时为合作的展开提供操作的平台。在重视学生个体思维过程的同时,让学生体验合作思维的丰富性。

(三)从理论入手,正确评价合作学习

从理论层面去认识合作学习,我们不难发现它的优势。

1. 合作学习能激励学生发挥出自己的最高水平。在传统学习中,一个学生的成功往往使别的学生达到成功更加困难(提高了常态曲线或是提高了教师对全体学生的期望水平),因此其他学生在学习活动中就容易信心不足。而相比之下,在合作学习中如果学生们朝着一个共同的目标一起努力,学习活动就会被同学们赋予积极的意义。正如在体育运动中,体育活动被大家所重视,就是因为每一个队员的成功都会给全队带来荣

誉。为此,在合作学习的班级中小组活动被重视,也正是由于它有助于全员取得成功。

2. 合作学习能促进学生间在学习上互相帮助、共同提高。这一点很重要,因为首先,学生们可以把教师用语转变成学生间特有的"学生语言",那些在课堂上没能掌握教师所教内容的学生往往与在其他问题上意见不一致的同学进行讨论争论时加深对知识的理解。其次,在合作学习中,学生们可以通过互相解释来学习。每个教师都是靠教学来组织学生学习,而学生们在给其他组员作解释的时候,就必须想办法组织自己的思想,还必须详尽地阐述一些认知的细节,这样一来,他们自己的理解力也大大提高了。再次,同学之间能够增进了解,在学习上也能互相帮助。由于他们是一对一相处,学生就比较容易及时准确地发现同学是否想要或需要额外的解释。在传统式的教室里,那些没有听懂的学生只能缩在座位上希望老师别叫到自己,而在合作学习小组里,他们就不必躲了,因为这种环境是帮助式的,学生可以在此尽情地表述自己的想法或者向别人寻求帮助。

3. 合作学习能增进同学间的感情交流,改善他们的人际关系。在合作学习所营造的特殊的合作、互助的氛围中,同学们在朝夕相处的共同学习与交往中,增进了彼此间的感情交流,培养了彼此间的合作与协作精神。因而在合作学习的发展之初,就能在校内、班内建立不同层次学生间积极的、建设性的人际关系,有助于避免隔阂和冷漠的现象。

4. 在合作学习中,由于强调小组中的每个成员都积极地参与学习活动,学习任务由大家共同分担,问题就变得比较容易解决。而且大家在互相学习中能够不断地学习别人的优点,反省自己的缺点,就有助于进一步扬长避短,发挥自己的潜能,使大家在共同完成学习时不断提高学习能力与效率。

二、自主学习

相关研究显示,每个学生都有相当强的潜在和外显的独立学习能力。

不仅如此,每个学生都有一种独立的要求,都有一种表现自己独立学习能力的欲望。他们的整个学习过程实际上也是一个争取独立,日益独立,最终具有独立能力的过程。合作学习的教育目的是让学生获取一种学习方法,并使学生具有合作精神。但如果过分依赖合作,片面强调合作,低估、漠视学生的独立学习能力,忽视、限制学生的独立要求,那么就会导致学生的独立能力不断丧失。

实际上,有些问题让学生独立思考、独立操作、独立完成所获得的体验、得到的感悟比合作所得的体验、感悟要深刻得多。比如一道几何题,学生通过独立思考后找到了证题思路,其印象和内化程度远比合作讨论得出结论要深刻得多,可谓刻骨铭心、终生难忘。因此独立思考、个人学习仍有不可替代的地位与作用,尤其是培育学生的独立能力这一方面,完全依靠合作式学习是无法实现的。

1. 自主学习的理论基础

美国等发达国家在20世纪70年代提出自主学习理论,主要有两个原因:一是人本主义心理学的影响;二是学科教育研究对象和方法的转变。

人本主义心理学强调人本身的情感和需要,以人本主义心理学为基础的教育哲学主张学习者与教育者分享控制权;主张以协商的形式进行学习;主张共同承担;主张学习内容要符合学习者自身的需要。以这种教育哲学为指导思想的教学大纲强调采用以学习者为中心的教学方法;强调教学目标的双重性,即情感发展目标和认知发展目标。在具体实践中,人本主义教学大纲强调学习者要为他们自己的学习负责,比如自我决策、自我选择并实施学习活动、表露自己的能力、需要等。在这种学习模式中,教师的作用不只是知识的传播者,而是学习者的指导者和顾问。人本主义教学大纲的远期目标是培养符合人本主义心理学标准的人才,其近期目标则是培养学习者自主学习的能力。

在人本主义心理学对教育领域产生影响的同时,教育领域尤其是学科教育领域的研究对象和方法也正在经历重要转变。传统的教育研究侧重研究教育者、教育方法、教育内容以及教育目标,而忽视对受教育者本身的研究。这种研究为教育实践提出了很多具体的教学方法,但一个接一个被否定或放弃。在教育方法的研究进入停滞不前的情况下,一部分人认识到,既然研究教师"如何教"不能取得进展,那么可以研究学习者"如何学"。于是以学习者本体为中心的教育研究迅速发展起来。研究人员和教育实践者借助行为主义心理学、认知心理学以及社会心理学的研究成果和研究方法来研究学习心理,并在此基础上提出了很多学习理论。学习理论主要是研究学习过程的共性以及影响学习过程和学习结果的学习者个别因素,比如年龄、性别、智力、个性、态度、动机、学习潜能以及学习策略等。虽然这些方面的研究还并不成熟,但有一点是公认的,即虽然学习过程有共性,而且总体学习目标可以是一致的,但是学习者个别因素差异较大,尤其是学习能力、学习风格和学习策略的差异使得每个学习者的学习过程存在较大差异。另外,不同的学习者有不同的学习需要,同一个学习者在不同的学习阶段也有不同的需要。因此,一刀切的教学内容和教学方法很显然不符合学习的客观规律,解决这一问题的途径之一就是自主学习。

2. 自主学习的定义

自主学习在我国的提出,一方面反映了我国学习领域研究的新成果,另一方面又对当前我国整个教育教学改革提出了一系列新的带有根本性的问题。因此,深化对它的研究,明确其内涵及在教育过程中的地位和意义是十分必要的。

虽然目前对自主学习的研究不少,但自主学习还没有一个准确的定义。一般来讲,很多研究者认为,自主学习有三方面的含义。第一,自主学习是由学习者的态度、能力和学习策略等因素综合而成的一种主导学习的内在机制。也就是学习者指导和控制自己学习的能力,比如制定学习目标的能力、针对不同学习任务选择不同学习方法和学习活动的能力、对学习过程进行监控的能力、对学习结果进行评估的能力等。第二,自主学习指学习者对自己的学习目标、学习内容、学习方法以及使用的学习材料的控制权,也就是学习者在以上这些方面进行自由选择的程度。从另外一个角度讲,就是教育机制(教育行政部门、教学大纲、学校、教师、教科书)给予学习者的自主程度,或者是对学习者自由选择的宽容度。对教育实践者来说,培养自主学习就是在一定的教育机制中提供自主学习的空间以及协调自主学习与总体教育目标的关系。第三,自主学习是一种学习模式,即学习者在总体教学目标的宏观调控下,在教师的指导下,根据自身条件和需要制定并完成具体学习目标的学习模式。当然这种学习模式有两个必要前提,即学习者具备自主学习的能力和教育机制提供自主学习的空间。

也有研究者从狭义和广义的角度对自主学习给予了界定,狭义的自主学习是指学生在教师的科学指导下,通过能动的创造性的学习活动,实现自主性发展。教师的科学指导是前提条件和主导,学生是教育的主体、学习的主体;学生能动的创造性的学习是教育教学活动的中心,是教育的基本方式和途径;实现自主性发展是教育教学活动的目的,是一切教育教学活动的本质要求。而广义的自主学习是指人们通过多种手段和途径,进行有目的有选择的学习活动,从而实现自主性发展。

还有学者认为自主学习就是学习主体主导自己的学习,它是在学习目标、过程及效果等诸方面进行自我设计、自我管理、自我调节、自我检测、自我评价和自我转化的主动建构过程。学习是学习主体对社会文化或群体的思想、观念以及解决问题的方法不断吸纳、内化的活动,具体表现为对一系列知识、观点、原理、定理或理论以及蕴涵于其中的方法论的把握和应用,从而形成或锻造出学习主体自身的思维能力,使学习主体的学习状态从被动吸收变为主动地追求,而奠定心理与能力基础。这一过程的形成与主体自身的状况有着深刻的内在联系。

3.自主学习的特点

从上面的几种界定可以看出,自主学习强调培育学生强烈的学习欲望和浓厚的学习兴趣,从而进行能动的学习,即主动地自觉自愿地学习,而不是被动地或不情愿地学习。

因此,自主学习这一范畴本身就昭示着学习主体自己的事情,体现着主体所具有的能动品质;学习是自主的学习,自主是学习的本质,自主性是学习的本质属性。学习的自主性具体表现为自立、自为、自律三个特性,这三个特性构成了自主学习的三大支柱及所显示出的基本特征。

(1)自主学习具有自立性

①每个学习主体都是具有相对独立性的人,学习是学习主体自己的事、自己的行为,是任何人不能代替、不可替代的。

②每个学习主体都具有自我独立的心理认知系统,学习是其对外界刺激信息独立分析、思考的结果,具有自己的独特方式和特殊意义。

③每个学习主体都具有求得自我独立的欲望,这是其获得独立自主性的内在根据和动力。

④每个学习主体都具有学习潜能和一定的独立能力,能够自己解决学习过程中的障碍,从而获取知识。

学习自立性的四层含义是相互联系,有机统一的。具有独立性的学习主体,是自主学习的独立承担者;独有的心理认知结构,是自主学习的思维基础;渴求独立的欲望,是自主学习的动力基础;而学习主体的学习潜能和能力,则是自主学习的能力基础。可见,自立性是自主学习的基础和前提,是学习主体内在的本质特性,是每个学习主体普遍具有的。它不仅经常地体现在学习活动的各个方面,而且贯穿于学习过程的始终。因此,自立性又是自主学习的灵魂。

(2)自主学习具有自为性

学习主体将学习纳入自己的生活结构之中,成为其生命活动中不可剥落的有机组成部分。学习自为性是独立性的体现和展开,它包含学习的自我探索性、自我选择性、自我建构性和自我创造性四个层面的结构关系。因此,自为学习本质上就是学习主体自我探索、自我选择、自我建构、自我创造知识的过程。

①自我探索往往基于好奇心。好奇心是人的天性,既产生学习需求,又是一种学习动力。自我探索就是学习主体被好奇心引发的,对事物、环

境、事件等的自我求知、索知的过程。它不仅表现在学习主体对事物、事件的直接认识上,而且也表现在对文本知识的学习上。文本知识是前人或作者对客观事物的认知,并非学习主体的直接认识。因此,对文本知识的学习,实际上也是探索性的学习。通过自我探索而求知、认知,是学习主体自为获取知识的方式之一。

②自我选择性是指学习主体在探索中由信息引起的注意性。外部信息只有经学习主体的选择才能被纳入认知领域,选择是由于被注意,只有经学习主体注意的信息才能被选择而被认知。因此,学习是从学习主体对信息注意开始的。而一种信息要引起注意,主要是由于它与学习主体的内在需求相一致。由内在需求引起的对信息选择的注意,对头脑中长时记忆信息的选择、提取、运用从而发生的选择性学习,是自为学习的重要表现。

③自我建构性是指学习主体在学习过程中自己建构知识的过程,即其新知识的形成和建立过程。在这一过程中由选择性注意所提供的新信息、新知识,是学习的对象,对这一对象的学习必须以学习主体原有的经验和认知结构为前提,而从头脑中选择提取的信息是学习新信息、新知识的基础。这两处信息经由学习主体的思维加工而发生了新旧知识的整合和同化,使原有的知识得到充实、升华、联合,从而建立新的知识系统。因此,建构知识既是对新信息、新知识的建构,同时包含了对原有经验和知识的改造和重组;既是对原有知识的保留,又是对原有知识的超越。

④自我创造性是学习自为性更重要、更高层次的表现。它是指学习主体在建构知识的基础上,创造出能够指导实践并满足自己需求的实践理念模型。这种实践理念及模式,是学习主体根据对事物发展的客观规律、对事物真理的超前认识、对其自身强烈而明确的内在需求,从而进行创造性思维的结果。建构知识是对真理的认识,是对原有知识的超越;而实践理念模式则是以现有真理性知识为基础,并超越了它,即对事物真理的超前认识。这种超前认识是由明确的目标而引导的创造性思维活动,在这种活动中,学习主体头脑中的记忆信息库被充分地调动起来,信息被

充分地激活,知识系统被充分地组织起来,并使学习主体的目标价值得到了充分张扬。

可见,不管是探索性学习、选择性学习,还是建构性学习、创造性学习,都是自为学习重要特征的显现,也是学习主体获取知识的途径。从探索到选择到建构、再到创造的过程,基本上映射出了学习主体学习、掌握知识的一般过程,也大致反映出其成长的一般过程。从这个意义上说,自为学习本质上就是学习主体自我生成、实现、发展知识的过程。

(3)自主学习具有自律性

即学习主体对自己学习的自我约束性或规范性,它在认识域中表现为自觉地学习。自觉性是学习主体的觉醒或醒悟性,是对自己的学习要求、目的、目标、行为、意义的一种充分觉醒。它规范、约束自己的学习行为,促使自己的学习不断进取、持之以恒。它在行为域中则表现为主动和积极。主动性和积极性是自律性的外在表现,因此自律学习也是一种主动、积极的学习。主动性和积极性来自自觉性,只有自觉认识到自己学习的目标意义,才能使自己的学习处于主动和积极的状态;而只有主动积极地学习,才能充分激发自己的学习潜能和聪明才智而确保目标的实现。自律学习体现了学习主体清醒的责任感,它确保学习主体积极主动地探索、选择信息,积极主动地建构、创造知识。

综上所述,自主学习就是学习主体自立、自为、自律的学习。学习的自立性、自为性和自律性是学习自主性的三个方面的体现,是自主学习的三个基本特征。其中,自立性是自主学习的基础,自为性是自主学习的实质,自律性则是自主学习的保证。这三个特性都说明了同一个思想,即学习主体是学习的主人,学习归根结底是由学习主体自己主导和完成的。承认并肯定这一思想,对于改革矫正曾有的诸多不合理的教育教学手段、模式,从而探索创立崭新的教育教学手段、模式,无疑具有特别重要的现实功能和意义。因而,自主学习是一种学生把自己置于主体地位的学习,学习成了自己的事,成了自觉自愿的事。学习积极性的根源在于学生内部学习动机,而这种积极性一旦被调动起来,学生将主动参与学习活动,学习也将是高效的。教师要放手给学生必要的个人空间,为学生的创造、发现、表现提供更多的机会,特别是为不同个性特点的学生提供必要的发展空间。

可以说自主学习不仅能开发学生潜在的能力,而且能激活、诱导学生学习的积极性,养成良好的学习态度和学习习惯。

4. 自主学习条件的创造

自主学习的条件是学习者在学习目标、学习内容、学习方法、学习材料等方面进行自由选择的程度。实际上,这种自由选择程度的高低取决于主观认识和客观条件两个方面。

主观认识是教育机制对学习者自主学习的宽容度和信任度,而这种宽容度和信任度取决于主导教育机制的教育思想和国家、社会、家庭以及学习者本身对教育的理解和对教育的期望。教育思想的革新和对教育的期望的转变往往比人们想象的更加困难。另外,教育机制的环节很多,涉及的内容也较多,要使各个环节、各个方面都形成统一的认识就更加困难了,这也是以学习者为中心的教育思想一直得不到真正实施的主要原因。当然主观认识还包括学习者本身对自主学习的愿意程度和自信心。

值得注意的是,并非所有的学习者都愿意为自己的学习负主要责任,这里有态度和动机的原因,也有个性特征和个别偏爱的原因。要解决主观认识的问题,一方面要进一步加强对自主学习理论和实践的研究,为教育机制的各个环节提供必要的理论依据;另一方面也要求教育机制的各个环节以及学习者本身在主观上进行观念的更新。自主学习的主观认识取决于意识形态的转变,其客观条件则取决于物质基础。自主学习的客观条件指能够供给学习者自由选择的学习材料、活动场所、学习方式和手段等硬件设施。丰富多彩的学习材料是满足个别化学习的前提条件,也是达到自主学习的重要物质条件。可以说,在自主学习主观条件比较成熟的情况下,每个学习者的学习需求、活动方式、学习进度都可能不一样。满足这些不同的需求就必须首先提供丰富的学习材料和舒适、方便的学习场所。另外,学校在配备自主学习材料时,要注意满足自主学习的需要。以往的教科书在内容选择和形式设计上往往为了照顾大部分学习者的需求而受到限制,大多数传统教科书是满足课堂教学的需要的,不太适合自主学习。这些教科书所采用的活动方式和要求的学习手段往往比较单一,尤其缺乏对现代教育技术的应用。所以,设计满足自主学习需要的新型教科书也是目前教育实践者的当务之急。现在很多国家的各个教育层次都提倡建立自学中心,在自学中心,学习者可以根据自己的学习需要选择材料、媒体和活动方式。另外,计算机辅助多媒体教学软件在自主学习中的应用越来越普遍。计算机辅助教学软件具有容量大、手段多样、人机交互等优点,因此受到教育领域的高度重视。互联网络的普及也为自主学习提供了一个有效的途径。自主学习与课堂教学完全自主时,学习者可以在没有课堂、没有教师、没有教科书的情况下进行学习,但这种理想的自主学习者和学习条件并不存在,即使是自学者也不是完全的自主学习。此处提倡的自主学习,是在学校教育环境中创造一定的自主学习的空间,以期满足不同学习者的需要,激发学习欲望,提高学习效果,并且培养自主学习的能力,以便学习者离开学校以后继续学习。学校仍然是学习的主要场所,是学习资料的主要来源,教师仍然具有传道、授业、解惑的作用,教学大纲仍然是指导学生学习的重要文件。学习者可以有自己的学习目标,但这种目标不应该与教学大纲的总目标相抵触,教学大纲必须是合理的、现实的。

因此,自主学习不是否定已经有悠久历史的学校教育,而应该是学校教育的组成部分,是课堂教学的必要补充。如何协调自主学习与课堂教学的关系,在此提出以下建议:①增加教学大纲的灵活性,以便教师在教学中有更大的自主权,从而缩短课堂教学与自主学习的距离。②改革教学方法,主要是从以教师为中心的教学方法到以学习者为中心的教学方法的转变。③转移课堂教学的重点,使之成为学习者与学习者或学习者与教师之间进行协商、讨论、合作的场所,以便解决那些学习者独自不能解决的问题。④适当减少课堂教学时间,增加自主学习时间。⑤改革评估标准、评估方法和评估手段,力求体现自主学习的实际结果。

5. 如何开展自主学习

要想让学生真正成为学习的主人,教师在教学活动中就要努力营造一种民主、平等的教学氛围。教师应当放下架子,关爱学生,成为学生最信任的亲人、最知心的朋友。亲其师才能信其道,学生和老师间没有了心理距离,学生才会没有压力,才会积极自信、自觉主动地参与学习的各项实践活动。具体操作时,教师要创设一定的情境让学生感受到师生的平等,教学内容的选择、教学方法的选用、教学活动的设计,都可以作为切入点,可与学生共同商定,让学生体验到他们在老师心中的位置。民主平等的教学氛围的创立还需要教师关爱每一个学生,尽量给每一个学生创设一个活动的空间,一个展示自己能力的平台,让每一个学生机会均等。即分解问题,形成坡度,让"矮个孩子"够得着,"高个孩子"跳一下能摘到最大最好的,每个学生都有成功的体验。教师对学生的信任尊重主要表现在对学生尊严、权利、灵感、积极性的尊重;对学生正确的学习态度、方法、效果的肯定;对学生差异性的承认;对学生独特的内心体验和感受的赞赏。

当然,对学生的信任尊重不能黑白不分,给学生以平等不代表是非不明,当学生的自主行为出现偏差时,教师及时的否定更能激发学生不服输的心理,更能促使其参与真知的探究,这也是培养学生自主学习能力的一种有效路径。

(1)归还课堂,给学生时间与机会。《新课程标准》(简称《新课标》)倡导的自主学习,一定要让学生有充分的读书时间,有足够的思考空间,有较多的实践机会。在这个前提下,学生自主地选择学习内容、学习伙伴、学习形式,才会有学习的效果。

保证学生自主学习的时间最行之有效的方法是教师做到精设问、精讲解、精总结。以学生为主体,以促进学生自学能力、自主发展为宗旨,使学生在教师引导下"自读自悟"。具体要做到"五不讲":①学生自己能看懂的,不讲;②学生自己能学会的,不讲;③学生自己能得出结论的,不讲;④学生自己能做的,不讲;⑤学生自己能说的,不讲。这样既能尊重学生的个性,又能发挥学生的主体性,活跃生命的灵性,从而实现学生的自主学习。

(2)授之以渔,让学生学会且会学。提倡主体性教学,让学生自主学习,并不等于让学生成为学习的"自由人"。提倡民主平等,尊重信任,并不等于没有什么教学目标和重点,或不让学生发展。因为学习是一件艰苦的事情,不能全凭学生的好恶而为,有时需要一定的强制和艰苦努力。教师应在学生束手无策时教导方法;在学生意见有分歧的地方阐述真知;在价值取向有偏斜时讲明道理;在拓展运用时引导学生切入生活。

(3)教师要帮助学生做好以下五个方面的工作。

①要有一定的相关知识。教师在进行自主学习活动之前,首先要做的事情就是要了解学生已有的知识储备和学习基础。其次让学生理解准备让他自主学习的内容。因此,要进行自主学习,就要研究学生。

②课题、目标应让学生掌握。教师确定的目标,是经过学生努力可以达到的目标,教师确定的课题是学生经过努力能够掌握的课题,所以要设置切合学生实际的课题和目标。

③学生应掌握解决问题的方法。自主学习主要是学生自己学习,而自己学习就要有一定的科学合理的学习方法,这就要求教师在本课的教学中注重引导学生掌握科学合理有效的方法。

④学生能根据课题的性质改变学习方法,具有解决新问题、发现新方法的能力。自主学习要求学生在深入研究课题的基础上,及时调整,从而使用合理的学习方法解决新问题,并在解决问题的过程中探讨使用有效的新方法。

⑤学生要与教师和其他同学共同探讨新方法,交流学习体会和学习材料,互相帮助。

6.自主学习的目标

自主学习的施教者包括学校、家庭和社会。对在校学习的学生来说,学校是学习的主要场所和主渠道,教师是最主要的施教者。自主学习要求施教者以学校教育为主阵地,同时辅之以必要而科学合理的家庭教育和社会教育,使儿童和青少年通过自主学习,学会求知、学会做人、学会健体、学会审美、学会生活、学会交往、学会劳动、学会生存,具备与现代社会需要相适应的学习、生活、交往、生产以及不断促进自身发展的基本素质。

(1)愿学、乐学。调动并形成强烈的学习动机,增加学习的兴趣,使学生愿学和乐学,解决学生中存在的厌学、逃学问题。

(2)会学、善学。要强化学法指导,使学生知道怎么样学习才能省时省力。在新的形势下,使受教育者掌握多样化的学习技能和方法,改变盲目学习的状况,是实现学生自主发展的重要目标之一。在自主学习教改实验中,要把学法研究和新的学习手段、学习技术的研究摆在重要位置。

(3)自省、自励、自控。这些要求属于学生健康心理素质的发展目标。自主学习要求学生不仅要把学习内容作为认识的客体,而且要将自己作为认识的客体。要对自己做出客观正确的自我评价,从而对自己的行为进行自我激励、自我控制、自我调节,形成健康的心理品质,使自己的注意力、意志力和抗挫折能力不断提高。

(4)适应性、选择性、竞争性、合作性、参与性。要使学生学会适应,即主动适应,而不是被动适应,进而适应生活、适应学习、适应环境。允许并鼓励学生根据自己的素质和兴趣发展自己的特长;允许学生有选择学习内容、学习方式、学习方法的权力,按照全面发展与特长发展的要求,对学生的偏科倾向科学引导,并鼓励学生发展自己的优势和特长。要改善办学条件,为学生进行选择性学习提供更多的图书、报刊、信息、学习技术及学习方式,鼓励学生追求与自己情况相适应的较高目标,培养他们的进取心和成功欲望,在文化学习、体育比赛、技能训练、生活适应能力等方面鼓励竞争。主动合作、乐于合作、善于合作是人类赖以存在与发展的社会基础,是人的良好品质,要创造环境,使儿童和青少年增强合作意识,培养合作精神,鼓励所有学生都成为学校内一切活动的积极参与者和主动参与者,通过参与,达到主动学习、主动锻炼、主动发展与提高的目的。

7. 自主学习中学习者的责任

以人本主义心理学为基础的教育思想在给予学习者较大自主权的同

时也附带更大的责任。学习者应该具备以下几方面的能力,对自己的学习负责。

(1)制定并在必要的情况下调整学习目标的能力;

(2)判断学习材料和学习活动是否符合学习目标的能力;

(3)选择学习材料和学习内容的能力;

(4)选择或自我设计学习活动方式并执行学习活动的能力;

(5)与教师或其他学习者进行协商的能力;

(6)监控学习活动实施情况的能力;

(7)调整态度、动机等情感因素的能力;

(8)评估学习结果的能力。

自主学习者需要具备的能力不只是以上列出的八个方面,但一般认为,计划、实施、评估的能力是自主学习者需要具备的几个主要能力,因此要采用自主学习方式,就必须注意培养学习者自身的能力。而培养自主学习能力要以学习者自身为主体,自主学习能力不是教师"教"出来的,而是学习者自己发展的。很多研究者认为以下几个方面的活动有助于培养自主学习者的自主学习能力。

(1)学习者充分了解自身的客观条件并进行综合评估。比如通过成绩测试了解目前的水平;通过学能测试了解自己成功的概率和程度;通过心理和智力测试了解自己的智力水平、学习风格、个性特征、情感特征等。

(2)学习者要明确自身的需要,尤其是学习的最终目的,这是学习者制定具体学习目标的依据。研究表明,有目的的学习比没有目的的学习效果好得多。

(3)学习者要善于拓宽信息渠道、掌握获取信息的技能,以便在选择学习内容、学习材料等方面具备更高的自由度。

(4)学习者要与教师或其他学习者共同探讨学习方法、交流学习体会、交流学习材料,并在必要的情况下相互帮助。

(5)学习者要善于与他人交流情感,并在必要的情况下寻求适当的帮助。

新课程改革倡导学生自主学习,对于发掘和提升学生的学习潜能,促进学生的自主发展、全面成长,促进学生关注社会、关注生活与时代发展的趋势,培养学生的创新精神和创新能力以及终身学习的能力,都具有积极意义。但是,从采用自主学习方式教学的过程中不难发现,虽然有些教师接受了新课程改革理念,但在教学实践中仍然普遍存在着把自主学习简单理解为"自学"的情况。

因此,倡导自主学习的方式必须明确四个问题:(1)自主学习不等于自学。自学是在没有教师授课或指导的情况下学习,而自主学习仍然需要教师的指导。如果在学生的自学能力还没有培养起来时,完全靠学生自学,学生是很难理解和掌握相对抽象的哲学概念、观点等基本知识的。(2)倡导自主学习的方式,并不是完全抛弃接受性学习,而是要改变单一的接受性学习方式。教师的讲授,应成为学生掌握基本知识的重要环节,否则就会把学生引入歧途,不仅学生的能力得不到提高,就连最基本的知识也难以掌握。(3)在自主学习中,教师的角色是要调动学生的学习积极性,引导学生形成积极的学习态度,激发学习动机,由被动学习转为主动学习,逐渐摆脱对教师的依赖,根据自己的需要,制定出自己的学习目标,选择相关的学习内容,并对学习结果做出自我评估。(4)教师要引导学生积极参与教学过程,为学生个性特长的发展创造良好的条件,使学习过程变成学生不断发现问题、提出问题、分析问题和解决问题的探索过程,要指导学生收集和利用学习资源,帮助学生设计恰当的学习活动,掌握学习方法并能创造性地运用学习方法,促进学生获得知识技能,发展学生的智力水平。

三、对合作学习与自主学习策略的反思

新课程倡导合作学习。合作学习是小组或团队为了共同的任务,既有明确分工又有相互协作的互助性学习,是教师引导学生自主学习的重要组织形式,它有利于培养学生合作意识和合作技能,有利于学生之间的交流与沟通,有利于培养学生的团队精神。合作式学习既是"新课改"的

新教学理念,也是实施新课程的新教学行为,同时更是学生自主学习的新方式。

集体合作学习与个人自主学习各有所长、各有所优,各有其实际意义与作用。我们实施新课程,在注重合作学习的同时,不能完全抛弃有着重要意义的个人自主学习方式,应该将二者有机结合起来,取长补短,让其各得其所、各显其能。

具体来讲,在教学过程中,教师应当根据教学的实际需要,选择有价值的,而且是个人难以完成的内容,让学生在独立思考的基础上进行讨论交流,共同探讨,合作完成。教师还必须选择恰当时机进行合作学习,其关键在于教师提出的问题是否能向学生提供真正合作的契机,是否有真正合作的价值。如果提出的问题过于简单,合作将变成一种无用的形式。与其将一些合作价值不大,甚至没有丝毫合作价值的问题交给学生集中讨论、共同探讨,不如让学生独立完成更具有价值。

小组合作学习,个人自主学习,各有其适用的场所,各有其对应的教学内容,各有其存在的必要。什么时候"合作",什么时候"自主",这就需要教师吃透教材,明确学情,根据教学内容特点来确定。该合作时就合作,不该合作时就自主;需要合作时就合作,不需要合作时就自主。最理想的是把二者融合在一起,以便协同配合来实现最佳的整体教学效果。

第三节 探究学习策略

一、探究学习的起源和发展

探究学习是在 20 世纪 50 年代美国掀起的教育现代化运动中,由施瓦布提出的。他认为学生学习的过程与科学家的研究过程在本质上是一致的,因此学生应像"小科学家"一样去发现问题、解决问题,并在探究的过程中获取知识,提高发展技能,培养能力特别是创造能力,同时受到科学价值观、科学方法等的教育,并发展自己的个性。探究学习强调价观、科学方法、科学态度三者的综合和对科学研究过程的理解。探究学习在观念上的平等、开放、民主，在过程中的自主、体验、个性，在形式上的生动、多样、有趣，使其成为美国教育改革中最重要、最有影响的教学方法，并广泛地传播到其他国家。

素质教育是要培养人的创造能力和创造意识，而培养创造能力的关键是对信息的加工、处理能力。在教学过程中创设一种类似于科学探究的情境和途径，让学生通过主动的探索、发现和体验，学会对大量信息的收集、分析和处理，从而提升思维能力和创造能力，即探究性学习。探究性学习是在素质教育和创新思维观念下出现的一种全新的教学方式，有效地改变了学生的学习方式、教师观念、教师的教学方式。

二、探究学习的意义

长期以来，由于旧教材注重知识的传授和掌握，冷落和忽视了发现与探究，形成了教师满堂灌，学生被动地"听、记、背、练"的一成不变的教育模式，培养一批又一批的高分低能学生，影响了素质教育在课堂的推进。而新教材则将科学探究作为一种主题，贯穿于学习的全过程，体现在课程理念、课程目标和课程内容之中，它是一种重要的学习方式，对发展学生的科学素养起着十分重要的、不可替代的作用。

以计算机和互联网为代表的当代信息技术，正以惊人的速度改变着人们的生存方式和生活方式，要适应信息时代学生学习的特点，不仅需要改变教法，也要求教师引导学生改变学习的习惯、方法、态度和精神。教育不能仅仅关注对有限信息的记忆，更要关注对发现探索研究性的学习的特殊意义。实施以创新精神和实践能力为重点的素质教育，帮助学生形成主动探索人类文化知识，积极运用理论知识解决实际问题的学习方式，开展探究性学习已成为时代赋予我们的新课题，是素质教育的要求。中华人民共和国教育部在《素质教育观念学习提要》中指出："人类有所发现、有所发明、有所创造的潜能，绝不是课堂上讲解出来的，教师创设开放的问题情境，引导学生进入主动探求知识的过程，使学生围绕某类主题调查、搜索、加工、处理应用相关信息,回答或解决现实问题,这样的教育和训练正变得越来越重要。"

总之,探究学习是一种全新的教学方式,是基础教育课程改革的重大突破。随着新课程标准的实施,探究学习的深入和推广,将给教育改革带来活力和生机。

三、探究学习的特征

与传统的教学方式相比,探究性学习以学生发展为本,以更有效地突出学生学习的方式,形成一种让学生主动探求知识并重视解决实际问题的积极的教学方式。传统高效的学习十分重视学习方法,其主要目的是提高学习的效率,而探究性学习重过程、重应用、重体验、重全员参与,它把学生置于一个动态、开放、主动、多元的学习环境中,给学生提供了更多地获取知识的方式和渠道。具体地讲,探究性学习有以下四个特征。

1. 探究性

探究性是人类认识世界的一种基本方式,这种探究性表现在研究课题的结论是未知的、非预定的,结论的获得也不是由教师传授或从书本上直接得到的,而是学生以类似科学研究的方式查资料,做实验,通过假设、求证,最终解决问题来得出自己的结论。

2. 开放性

探究性学习过程是一个开放的教学空间。第一,学生在探究性学习过程中的心态是开放的、自由的。第二,教学内容不拘泥于教材,也不拘泥于教师的知识视野,更接近学生的日常生活和社会生活实际。第三,许多课题没有唯一正确的答案,可以从不同的角度,采用不同的方法,根据不同的需要去权衡利弊,进行评价,这就为学生的创新思维提供了广阔的天地。第四,时空的开放性,学生走出书本和课堂,走向社会,利用图书馆、网络、调查访问等方式收集资料,把课内与课外、学校与社会有机地联系起来。

3. 实践性

探究性学习强调学生通过亲身实践获取直接经验,以培养科学精神和科学态度,掌握基本的科学方法,也有利于把学生从目前教学中的死记硬背中解放出来,到社会中学习,增强面向社会的能力,并提高综合运用所学知识解决实际问题的能力。学生通过自己提出问题和研究问题,来了解知识的产生和发展过程,最后解决问题。

4. 过程性

探究性学习更注重学习的过程,更关注学习过程中学生的思维方式、个人体验及对信息、资料的整理与综合。它通过学生的主动探究过程来培养他们的创新精神、动手能力和解决实际问题的能力。学生在这个过程中增强了研究意识、问题意识,学会了如何学习、如何去解决问题。

四、探究学习的实施

1. 创设情境,激发自主探究欲望

托尔斯泰说过:"成功的教学所需要的不是强制,而是激发学生的欲望。"如果教师不想方设法使学生进入情绪高昂和智力振奋的内心状态就急于传播知识,那么这种知识只能使人产生冷漠的态度,而没有欢欣鼓舞的心情,学习就会成为学生的负担。为此,教师在教学中要努力营造良好的探究氛围,让学生置身于一种探究问题的情境中,以激发学生的学习欲望,使学生乐于学习。

2. 开放课堂,发掘自主探究潜能

在富有开放性的问题情境中,学生思路开阔了,思维火花闪现了,这时教师如果没有给学生提供尝试的机会,学生就会成为接受知识的容器,从而严重阻碍学生探究能力的发展。因此,教学内容的设计应尽量是开放的,所采用的教学方法也要为学生提供探究的机会,要变先讲后练为先尝试再点拨。把学习的主动权交给学生,这样有利于学生主动再创造,有利于学生猜测与验证。

3. 善于质疑,敢于想象

疑是思之始,学之端。教师在教学中要引导学生发现疑问,即使是无疑也要寻疑,将自身置于特定情境之中,向自己提出问题。宋朝思想家张载认为,于生疑处读书,一定能发现问题、分析问题、解决问题,从而有新的发现、新的收获、新的喜悦。激发学习的兴趣,产生强烈的求知欲。

4. 适时点拨,诱导探究的方向

在探究教学中,教师是引导者,基本任务是启发诱导,学生是探究者,其主要任务是通过自己的探究发现新事物。因此,必须正确处理教师的"引"和学生的"探"的关系,做到既不放任自流,让学生漫无边际地去探究,也不能过多引导。教师要适当点拨,当学生在思维的转折处,或知识的重、难点处经过自身的努力,还感到无法解决时,教师要给予学生某种启发性启示。拨开学习上的迷雾,使学生看到光明,看到希望。点拨的关键是要符合学生的需要,使学生能顺利进行探究。在学生探究时,教师应做到引中有探,探中有引,同时还要把握"引"的度,步步深入地引导学生逼近结论。

5. 注意反思,提高自主探究能力

学生在自主探究中,不可能一下子获得整个系统知识,也不可能在探究知识过程中采用的方法每次都是科学的,为此学生们在课堂探究结束后,必须反思自己学习的行为和所获取的知识。通过反思,让学生把思维过程上升到一定的高度,找到科学的探究方法、探究规律,提高自主探究能力。

从实施的角度看,探究学习具有三个特点:第一,学习者需要由问题或设计任务出发,展开自己的学习活动;第二,学习者需要通过观察、调查、假设、实验等多种形式的探究活动,经历搜集信息和分析信息的过程,获得自己的探究结果或制作出自己的作品;第三,学习者需要通过表达和交流的过程,验证、修正自己的解释,或者改进自己的作品。在一个具体的探究学习活动中,以上三个特点可以理解为先后执行的三个阶段,但这三个阶段并不是一次性、线性的过程,而是一个循环往复、螺旋式上升的

过程。基于这一分析,可以从探究对象、探究目的、探究方法三个角度重新认识探究学习。

(1)不能将探究学习局限在学科的学习中。学科中的探究主要是以自然现象为对象的探究学习,除了自然现象以外,探究学习的对象还包括社会现象、人造事物、心理现象、各类人造符号系统(如语言、数字、图画等)。根据对象不同,探究学习可以分为科学探究、社会探究、技术探究、心理探究以及各种形式的符号探究(如语言探究、数学探究、艺术探究等)。

(2)不能将探究学习等同于发现学习。发现学习是一种以发现新知识为目的的探究学习。除了发现新知识这一目的外,探究学习的目的还包括解决具体问题、表达抽象观念或描述复杂事物、培养特定技能或能力。根据不同的目的,探究学习可以分为发现型探究学习、应用型探究学习(即项目学习)、表达型探究学习(写作、形式设计等)、训练型探究学习(经常以游戏的形式出现)等。

(3)探究学习并不等于学生回答教师的问题,那些依靠机械记忆或翻阅书本加简单推理就能获得答案的问题并不是探究的。实际上,这类问题大量地存在于传统的启发式教学中,因此不能将探究学习与启发式教学混淆在一起。利用情境—探索模式进行示例演练教学,是探究学习的一种重要方式。

第四节　学习评价策略

一、学习评价的目的

学习评价,是指评价者参照一定的标准,运用合理的方法对学习者的学习过程和结果做出的定性和定量评定,以及在此基础上对学习者形成价值判断的过程,其目的是激励和促进学生的发展。

新课程所需要的学习评价和传统的学习评价相比,评价功能从甄别选拔转向了促进学生的发展;评价的主体从教师一元转向了师生多元;评价的内容从单一的评价学生学习成绩转向了评价学生各方面的素质;评价的方式方法从单纯地打分或划分等级转向了定性评价结合量化评价的多种方式;评价的过程从静态的评价结果转向了动态的评价整个过程,从评价学生的"过去"和"现在"转向了促进学生的未来发展。

二、学习评价的原则

1. 学习评价取向应人本化

高中《新课标》指出:"对学生的能力发展给予肯定性评价。如学生的沟通、合作、表达能力,搜集与筛选多种社会信息、辨识社会现象、透视社会问题的能力,自主学习、持续学习的能力等,都要注重从积极的方面、用发展的眼光给予评价"。并建议把对学生素质的评价放在突出位置。评价要全面、客观地记录和描述学生素质的发展状况,注重考查学生的行为,特别关注其情感、态度和价值观方面的表现。这些建议无不体现了以学生发展为本的人本思想。这就要求教师在对学生进行评价的时候应该具备正确的评价取向,即必须以学生终身的、全面的发展为根本。传统的评价取向虽然也强调注重学生的发展,但是这种发展忽视了对学生的情感、态度、价值观等方面的身心发展,不是一种人本化的评价取向。

2. 学习评价指标需综合化

随着课程改革的进一步深入,对学生的学习评价也由单一的关注学业成就评价拓展到关注个体发展的其他方面,如积极的学习态度、创新精神、分析与解决问题的能力以及正确的世界观、人生观、价值观等。《新课标》要求评价既要坚持正确的价值标准,又要尊重学生的个性表现,关注学生情感和态度变化的趋向。因此,对学生的学习评价转向对学生综合素质的考查,这是教育改革的大势所趋。在《新课标》的理念下,学生从被动听讲的接受者转变为主动参与的学习主体,在教师的指导下自主、合作、探究地学习,学生不再被束缚在教师的知识权威与烦琐讲解之中,学生在学习上表现出更多的自由度,学生的个性得到了充分的表露。面对这样的学习方式,教师再也不能仅以掌握知识的多少来评价学生的学习,因此教师在组织学生开展学习时,要用发展的眼光来关注个体差异,要用多元指标来综合评价学生,真正指导与促进学生的发展。

3.学习评价方式要多样化

传统的评价方式是采取闭卷考试,很多题型都是学生死记硬背就能解答出来的,这种学习评价方式压抑了学生学习的积极性。《新课标》中对考试做出了要求考试,包括结业和升学考试,作为高中学习成绩的重要评价方式,应注重考评学生理解和运用知识的真实能力,在提供多种题型的同时,倡导综合的、开放的题型。从中可以看出,考试作为一种评价方式还是值得提倡的,关键是要倡导综合的、开放的题型,使学生个性得到发展。纵观近几年的高考,无不体现着这个趋势,因此教师应对考试进行适当的改革,更好地服务于教学。

另外,不能单纯以考试成绩来评价一个学生。教师必须采用更多的评价方式来客观地、全面地评价学生。《新课标》要求对学生学习的评价要更为关注其发展和进步的动态过程,采取更为灵活的方式,如谈话观察、描述性评语、项目评议、学生自评与互评、个人成长记录等。从学生们的表现中,可以看出他们的情感、态度及其价值观。除此之外,还可以布置一些实践性的作业(例如研究性学习)来观察和考查他们的各种能力及所持的情感、态度和价值观。

4.学习评价重心应过程化

学习评价要把形成性评价与终结性评价结合起来。学业的完成,需要经历必要的过程。终结性评价应建立在形成性评价的基础上,与形成性评价相结合,才能保证评价的真实、准确、全面。《新课标》更加强调学习评价的过程化,关注学习结果的评价往往面向的是学生的"过去",而关注学习过程的评价则是着眼于学生的"未来",重在学生发展的评价。因此,教师不仅要引导学生对学习结果进行反思,从而对今后的学习产生借鉴意义,更要引导学生及时反思自己的求知过程、探究过程和实践过程,帮助学生形成积极的学习态度、科学的探究精神和正确的情感体验与价值观。

5. 学习评价主体要多元化

《新课标》强调学生既是评价对象,也是评价主体,要采用多种方式培养学生的自我评价意识,发展自我评价能力。如对学生在集体生活中的各种表现,各自不同的学习观念和学习效果,都可提供相应的自我评价的机会和要求。传统的评价主体是学校和教师,随着时代的进步和发展,教育改革的不断推进,评价的主体由教师拓展到学生及其学习伙伴。而学习评价受情感、态度、价值观的影响,单方面地对学生进行学习评价有时难免会失之偏颇,减弱学习评价的作用。再者,提高学生的自我评价和自我反思能力是学生终身学习和终身发展的需要,学生作为学习评价的主体,其地位应得到凸显。除此之外,评价主体还要拓展到家庭和社会方面,即家长和社会人士作为学习评价的一个主体来体现。例如,家长可以通过对其子女参与的家庭活动的表现来评价,社会人士也可通过学生参与的社会实践或者社区活动来评价学生,等等。学习评价主体多元化可以以不同角色、不同角度来评价学生,这样可以达到更全面、更客观的评价目的,也有利于学生的真正发展。

6. 学习评价手段可数字化

随着社会的发展,网络与信息时代的来临,评价手段也可以数字化。由于计算机网络具有智能化、储存方便等特点,许多简单的、机械的、客观的相关操作可以由计算机代劳,使教师有更多的精力用于创造性的学习评价中。因此,教师不仅要掌握数字化的网络学习评价的操作技能,而且要善于分配和开发数字化的评价手段,寻找人与机器的最佳结合点,这样既能减轻教师负担,又不失人性化。如对知识技能的测试练习,教师只需建成题库,然后由计算机网络随机抽取题目组成试卷,之后对学生的练习做出批阅,提出简单的批语。

7. 学习评价管理应该制度化和科学化

随着时间的推移,各类学习评价信息的增加,必然带来学习评价信息的有序管理问题。因此,有必要对学习评价进行科学化管理,这既是当前对学生学习评价不断完善的需要,又是今后学习评价信息再利用、再开发的需要。一套科学的学生评价制度应该包括由学生的学习成绩和学习行为为内容的评价对象、评价项目及评价基准、学生自我评价和学校、教师、家庭及社会参与的评价体制以及评价结果的反馈五个主要内容架构而成。学校要根据课程的特点以及学生的心理特点来制定学生的成绩评价基准,明确学生的学习行为,使学生的学习行为与教师的教学目标相一致,并把对学生的评价结果反映到成长档案袋中。

三、评价策略的实施

1. 充分理解学生的策略

学生的差异是客观存在的,是多方面因素造成的,但更多是心理因素差异的反映。因此,要善于熟悉和了解学生,要读懂学生,要用孩子的眼光去看待孩子,用孩子的价值观去理解孩子,要把话说到孩子的心灵中去,不要把成人的价值观、兴趣、爱好强加给学生。

2. 鼓励质疑的策略

正确地对待学生的发问是鼓励学生质疑的有效途径,其正确的做法是提供线索,引导学生课后自己查找资料寻求答案,或者启发引导学生当堂探究问题的答案,或者提出可供选择的多种答案让学生去选择判断,或者引导学生评价答案并进行延伸和拓展。

3. 合理评价学生应答的策略

对学生发表的不同意见,哪怕是错误的答案,都应在采取宽容态度的前提下延迟评价,或者恰如其分地进行分析评判,或者引导学生自己发现错误、改正错误。

4. 统一评价与差异评价相结合的策略

注重统一评价与差异评价相结合,以差异评价为主。在评价中有统一评价(如在每次专题研究结束后,对学生研究成果的评价),但更多的是差异评价。教师承认学生的差异,为此采取了相应的评价办法,给学生多次评价、多层次评价的机会,拓宽发展空间。具体来说要做到五点要求:

一是给学生多次修改自己学习态度和学习成果的机会;二是对于有困难的学生,允许他们提出请求教师、同学帮助的要求;三是需要动手操作或收集资料的实践性作业,其评价可以不受时间限制;四是作业、提问、活动、操作分为不同的档次,学生可根据自己的实际情况选择不同的评价层次,只要有进步就给予充分肯定,鼓励学生分层递进;五是让所有的学生都有成功的机会,可以设立单项奖、特长奖、进步奖、诚实奖等,让每个学生学完研究性学习课程后都能捧着奖状回家。动态的差异评价有助于学生养成根据反馈修正错误的习惯,有助于学生树立自尊心、自信心和进取心,增强学习兴趣。

5. 对学生的情感和日常行为评价的策略

这些策略主要包括品德、个性、兴趣、爱好、动机、态度、价值观和行为习惯等。教师可以按这些程序进行操作:学生确定课题目标和制定课题的实施计划——学生努力实施计划——阶段性自评和学生之间互评——期末自我评价(写出自评总结)——小组评议——教师收集评价信息与评价对象面谈——用多元化评价标准肯定每个学生的进步和发展,写出鼓励性评语。

四、学生是学习评价的主体

评价主体是指有效地开展评价活动、实现评价目的和宗旨、具有根本性和决定性的方面。从根本上说,学习者,即学生才是评价的真正主体,主要原因有四个方面。

(1)虽然在评价的组织和实施中,评价者居支配地位,但要使评价成为被评价者的自主、自为行为,就要充分调动他们的积极性,增强他们的主体意识。

(2)评价需要以大量真实可靠的信息为基础,以客观的价值需求和能力为依据,这些只有被评者——学生最清楚最明白,也最有发言权,离开学生,教师将会束手无策。

(3)学习评价具有教学意义,学生是学习主体,学生理应是评价的主体,教师起主导作用。

(4)评价的根本目的是激励学生奋发进取,外因是变化的条件,内因是变化的根据,没有学生协助和积极参与,评价就达不到应有的效果。

因此,在教学中应注重学生的自我评价和学生间的互评。

五、教师是学习评价的主导者

在过去的几十年中,学生的学习评价是以教师为主的,几乎没有人怀疑这种权威式的评价存在哪些问题,忽略了最了解学生学习情况的是学生本人这一事实。教师应把评价的权力还给学生,帮助和指导他们正确地进行自我评价和学生互评,让每一个学生更好地看到自己的进步和不足,激励学生更有效地学习。教师应是学生学习评价活动的组织者、引导者和合作者,在评价时要注意做到以下五点。

(1)在评价学生学习的过程中帮助学生端正自我评价的态度,组织学生进行有效的自评和互评。

(2)指导学生确定评价标准,帮助学生理解评价标准的含义,内化评价标准,使学生评价标准转化为评价行为,明确把握自己的行动方向。

(3)帮助学生明确自我评价和互评的内容。

(4)培养学生自我评价的能力,指导学生进行自我评价,与学生分享成长的责任,帮助学生成为独立的终身的学习者。

(5)为学生提供诊断,协助学生进行自我评价反思。

六、建立完整的自我评价体系

1. 认识自我评价功能,积极参与评价

传统教学中,教师对学生是"我教你学,我讲你听",师生之间的关系显然不平等,严重地剥夺了学生的自主性,伤害了学生的自尊心,摧残了学生自信心,甚至导致学生对教师的抵触情绪,师生关系经常处于冲突和对立之中。学生讨厌和抵触评价,并会产生各种各样的焦虑心理。《新课标》提出让学生主动参与评价,体现民主、平等的思想。评价的根本目的

在于促进发展,而不是甄别。自我评价是课程教学的一个有机构成环节,它也是促进学生发展的有效教育手段,自我评价是对自身建立更为客观全面的认识,促进学生在现有的基础上谋求实实在在的发展;自我评价活动和过程为学生提供了自我展示的平台和机会,鼓励学生展示自己的努力和成绩,在很多时候也会成为一种积极、有效的激励手段;自我评价通常会对学生产生不同程度的压力,有助于调节其内在的动机,成为自觉内省与反思的开始,能够促使其认真总结前期行为,并思考下一步计划,而随着自我评价的日常化,能够促进个体建立良好的反思与总结的习惯,对其一生的发展产生积极影响;自我评价成为学生自我认识、自我教育、自我进步的内在需求,认识到这一点,学生将乐于接受自我评价,积极参加自我评价活动。

2. 明确自我评价内容

《新课标》要求对学生学习的评价,既要关注学生知识与技能的理解和掌握,更要关注他们的情感与态度的形成和发展;既要关注学生学习的结果,更要关注他们在学习过程中的变化和发展。学生自我评价要明确以下三点。

(1)恰当评价自己的基础知识与基本技能。对基础知识和基本技能的评价应从实际背景和解决问题的过程进行,更多地关注对知识本身意义的理解和理解基础上的应用。

(2)注重对学习过程的反思。对学习过程的反思,包括参与活动的程度、自信心、合作交流的意识,以及独立思考的习惯、思考的发展水平等。

需要反思的方面主要有:是否乐于应用知识解决实际问题;是否积极主动地参加活动;能否在活动中发挥积极作用;是否敢于面对活动中的困难,并有独立克服困难和运用知识解决问题的成功体验;是否有学习的自信心;能否找到有效解决问题的方法,有反思自己思考过程的意识;能否在独立思考的基础上,积极参与对学习问题的讨论;是否敢于发表自己的观点,并尊重与理解他人的见解,从交流中获益;是否乐于与他人合作,与同伴交流各自的想法。

（3）重视对发现问题、解决问题能力的自我评价。对发现问题、解决问题的能力可从以下五个方面进行自我评价。

①能否从现实生活中发现和提出问题；

②能否探索出解决问题的有效方法,尝试从不同角度寻找解决问题的方法,对于评价不同方法之间是否存在差异；

③是否乐于与他人合作；

④能否表达解决问题的过程,并尝试解析所得的结果；

⑤是否具有回顾与分析解决问题过程的意识。

3. 制定自我评价标准

学生评价标准是对学生进行有价值判断的尺度与准则,制定正确科学的自我评价标准是实施学生自我评价的关键。

在教师鼓励和帮助下,学生积极参与评价标准的制定,与教师协商评价标准。

学生学习标准既要强调统一、客观的标准,又要尊重学生发展过程的差异性,其评价的标准要有一定的层次性、多样性和弹性,让每个同学都有所发展,都能体验到成功的喜悦。个性化的评价标准会鞭策学生积极挖掘自身的潜能。

此外,师生可根据实际情况共同确定达到标准的具体方式、时间和途径。

4. 重视情境化自我评价方式

教师要在教育教学的全过程中采用多样、开放的评价方式(如行为观察、情境测绘、学生成长记录等),了解每个学生的优点、潜能、不足以及发展的需要。教师引导学生重视情境化自我评价方式包括五个方面。

（1）学习效果反思。自我评价贯彻于整个学习过程,学生在预习、上课、小结、作业、检测等各阶段都从基础知识和基本技能、思考、解决问题、情感和态度等方面进行自我反思,把课堂小结作为自我评价的主阵地。学生在课堂小结设置问题会诊,提出自己的困惑,师生共同探讨；在课堂小结展示自己的所悟所得,和同伴分享成功的喜悦；在课堂小结总结学习方法,不断完善升华。

(2)作业分析。学生在作业分析时主要分析自己对课本知识的理解程度、解题思路清晰与否以及学习的信心。

(3)书面考试。书面考试是考查学生基础知识和基本技能的掌握情况,考查前应让学生明确考查范围涉及的内容,考查后让学生自己总结每道题考查的意图和考查的知识点,总结自己学习中的成功和不足,制订弥补不足的方案。

(4)学习日记。学习日记是学生自我评价的重要方式之一。学习日记有多种形式:反思型日记可通过对自己作业或试卷进行反思,认识自我,解决有关问题,从而为继续充满信心地学习打好基础;思考型日记可记录自己积极主动地思考研究生活中的问题,写作的过程就是进行知识思考的过程,这一过程令学生思维清晰化,对学生思维能力的发展无疑是有益的;总结型日记则通过独立地对所学知识进行联想、归纳、概括,使学生能更好地理解和掌握学习的知识与思想方法。

(5)建立成长记录袋。建立成长记录袋的材料由学生自主选择,材料要真实并定期加以更新,包括实现了哪些学习目标、获得了哪些进步、自己作品的特征、解决问题的策略,还需要在哪方面进行努力等。建立成长记录袋可以使学生比较全面地了解自己的学习过程,也为教师全面了解学生的学习状况、改进教学、实施因材施教提供了重要依据。

5. 自我评价时注意几个问题

(1)展示自我。发展性课程评价,更多地把评价活动和过程当作被评价者自我展示的平台和机会,鼓励被评价者展示自己的努力和成绩;同时配合恰当、积极的评价方式和反馈方式,换个角度看看自己,在很多时候也将成为一种积极有效的激励手段。

(2)推迟判断。学段目标是本学段结束时学生应达到的基本要求,因此如果学生自己对某次考试的结果不满意,老师应创造条件允许学生有再次考试的机会,这种"推迟判断"淡化了评价的甄别功能,突出反映了学生的纵向发展。特别对于学习有困难的学生而言,能让他们看到自己的进步,感受到获得成功的喜悦,从而激发新的学习动力。

(3)淡化评价。有意识地模糊课程教学和评价的界限,使评价更有效地融入日常教学中,评价真正成为自然的学习活动中的一部分。评价应该是在学生自己主动参与学习的情境中轻松愉快地进行。

(4)反思总结。自我反思和小结,它重在参与,这种参与有助于调动其内在的动机,成为自觉的内省与反思的开始,对其一生发展将受益多多。

6.科学地呈现评价结果

评价结果要采用定性与定量相结合的方式呈现。定量评价可采用百分制或等级制的方式,要将评价结果及时反馈,但不能根据分数排列名次;定性评价可采用小结的形式,在小结中应使用肯定性语言客观、较全面地描述自己的学习状况,充分肯定自己的进步和发展,更多地关注自己已经掌握了什么、获得了哪些进步、具备了什么能力、在哪些方面具有潜能,并能明确自己的不足和努力的方向,还可以在老师的指导下,根据自己目前情况制定切实可行的更改方案,建立学习的信心,提高学习的兴趣,争取进一步发展。

第三章

英语学习共同体的教学模式

教学过程应不断地更新,不断有新的认识、新的发现、新的总结。据此,本章阐述了情境教学模式的创设、原则和评价方法;协同教学的原则及策略;自学辅导教学模式的策略、模式及其作用;互动教学模式的策略和模式。这些教学模式与传统的教学模式相比,能更好地激发学生的学习兴趣,引起学生对学习的紧迫感、效率感,并能培养生生之间、师生之间相互合作能力和学生对知识的主动探究能力。

第一节 情境教学模式

20世纪80年代末以来,"情境认知"已经成为一种能提供有意义学习,并能促进知识向真实生活情境转化的重要的学习理论。而随着脑科学关于人的高级认知机制研究成果的出现,建构主义理论研究的不断深入,基于情境认知与情境学习的理论研究和实践模式的开发研究越来越受到研究者们的关注。"情境认知"强调将知识视为工具,并试图通过真实实践中的活动和社会性互动促进学生学习。[1] 然而,现在大部分学校教育往往并不提供学生参与相关领域知识应用实践的机会,学校所提供的课程以及作为学校文化特殊组成部分的考试并不能帮助学生有效地进入知识的真实应用领域。在对传统学校脱离生活实践的反思基础上,情境学习与情境认知的研究者都十分强调按照真实的社会情境、生活情境、

---

[1] 赵宇,陶淑真. 微课在教学中的应用[M]. 合肥:中国科学技术大学出版社,2022.

科学研究活动改造学校教育,从而使得学生有可能在真实的活动中,通过观察及对概念工具等的应用以及问题的解决,形成系统的看待世界的方式和解决问题的能力,从而使学习真正有利于学生对某一特定知识技能的掌握,及对其相应的社会文化共同体的适应。

所谓情境教学,是指在教学过程中,为了达到既定的教学目的,从教学需要出发,引入制造和创设与教学内容相适应的具体场景或氛围,引起学生的情感体验,帮助学生正确而迅速地理解教学内容,促进学生素质全面和谐地发展,提高教学效率的一种方法。在课堂教学中,如何让学生产生身临其境的亲切感受和情绪体验,激发他们对知识现象及其内在规律的认知兴趣,提高学生的认知思维能力、空间想象能力及实践创新能力,是值得每位教师思考的重要问题。现代教育学理论指出,在教学过程中,教师应当有意识地为学生创设学习的认知情境和氛围,恰当地组织和引导学生的学习活动,使学生自然地获得知识和技能,并促进智能和心理机能的发展;学生则必须主动进入学习情境,先感受后表达,才能实现顺利的学习,掌握知识并发展自己的能力。由此可见,在课堂上引入情境教学理念,是符合现代教学发展趋势和内在要求的,创设适当的教学情境,达成教学目标,是每一个教师必备的基本素质。

教学情境是一种特殊的环境,是教学具体情境中的认知逻辑、情感、行为、社会和发展历程等方面背景的综合体,具有文化属性。教学情境不同于教学系统外在的、宏观的环境(社会环境、学校环境等),它作为课程教学系统的内在组成部分,不仅是客观的、现实的,而且是心理的、人工的,是一种通过选择、创造构建的微环境。教学情境是知识获得、理解及应用的文化背景的缩影,其中含有社会性的人际交往和协商,也包括相应的活动背景,学生所要学习的知识不但存在于其中,而且能够在其中应用。教学情境的特点和功能不仅在于可以激发和促进学生的情感活动,还在于可以激发和促进学生的认知活动及实践活动,能够提供丰富的学习素材,有效地改善教与学。

一、教学情境的创设模式

学生只有积极主动地参与教学活动,才能提高课堂教学效果。教学情境是促使学生参与教学活动的最好诱因,所以在教学中应进行情境教学。生动的教学情境可以引起学生的亲切感和新鲜感,调动学生大脑皮层的优势兴奋中心。教学情境的创设就其本身特点而言有以下四种模式。

(一)创设问题情境

情境设计,就是教师在教学中有目的、有计划、有层次地精心设计,提出与教学内容有关的问题,激发学生的求知热情,把学生引入一个与问题有关的情境中。心理学研究表明,思维通常是与问题联系在一起的,意识到问题的存在是思维的起点。当一个人感到应该弄清"是什么""为什么""怎么办"的时候,他就把自己的思维发动起来了,思维因问题而发动,因问题而深入,并以问题的最终解决为目的。因此教师在问题情境中应给学生充分的自由想象的时间和空间,促使学生边看、边听、边思、边做,点燃学生思维的火花。情境教学有其独特的魅力,但教学过程是千变万化、丰富多彩的,这就要求教师要从学生的兴趣和可接受性出发,从教材的实际内容出发创设问题情境。

社会生活的复杂性决定了情境教学形式的多样性。在现实生活中,人们总是尝试着想要获得新知,晋升新岗位,拥有更丰富的情感,建立各种新关系。为了达到这些目标,人们乐此不疲。不管追求这些目标的动力来自哪里,都可以看出目标是人们努力的驱动力。因而在教学中对于情境认知与情境学习的理论,如果教师们能将所要教授的知识和学生追求的目标联系起来,那么学生学习一定会更加主动,而教学成果也会更为显著。

如何进行有效的教学设计,吸引学生积极主动地追求目标,从而掌握所要教授的专门的知识和技能是一个重要的问题。而基于目标的学习计划就是个能将教学活动和学生追求目标结合得很好的教学模式。"Goal-

Based Scenarios"简称 GBS,即基于目标的学习计划,这一教学设计模式是由美国著名的人工智能以及认知科学专家斯肯克创立的,它以获取现实的问题解决技能为目的,为学习者或接受训练者提供一个获取各种技能或程序性知识的有效途径和方法。GBS 是根据现实生活中的人类行为目标导向的这一事实而设计的,即人类在产生"想要干点什么(目标)"这一想法时,会更好地进行学习。由此可以看出,GBS 是将各种次级技能嵌入具有现实性的行动计划之中,由目标作导向,由学习者或接受训练者建立行动计划展开学习或作业的一种基于建构主义构筑起来的学习过程。规划这种学习过程的基本目的是支持学习者根据自我建构的综合性知识,来用于解决现实问题和学习迁移这种复杂的作业行为。这种解决问题的方法和技能是现实世界中所需要的,更重要的是各种工作的实质就在于解决问题。在很多学习中,人们并非仅仅是在积累信息和技能,而是在利用信息和技能解决问题。因而,这样一种学习过程和方式是传授知识的一种有效途径。

1. 基于目标的学习计划(GBS)的主要组成成分

通常采用 GBS 进行教学设计的目的是获取现实中问题解决所需的技能。从教学设计的角度来看待 GBS,其出发点是学习中要达到的目标技能,而从学生开展学习的角度来看待 GBS,其出发点是基于目标学习过程中所提供的活动情境和状况。因此,为了实现获取目标技能的目的,GBS 有其规定的原则和结构成分。其主要构成要素有五个方面。

(1)目标技能。目标技能是教师或其他设计者希望通过 GBS 提供给学生的一系列技能。它是基于目标的学习计划中的核心。在学习活动中,目标技能将明确地划分成可以直接进行教学的或是以学生绩效行为表述的次级目标。

(2)任务。GBS 的具体任务表述了学生要努力达到的目标,这一目标是上述目标技能中以学生绩效行为呈现的,以任务的形式表述后向学生展示。与目标技能不同的是,任务不是针对教师的,而是指向学生的,必须是学习者清楚的,它为学生学习定下了基调。设计者在制定任务时必须考虑到学生要清楚地知道何时完成任务,学生要理解达到目标的意义。

(3)主题故事。主题故事也称覆盖故事,它为 GBS 创设了学习的情境。它规定了学生执行任务时的具体前提,为学习活动提供了一条主线,提供了学习活动产生的情境以及使 GBS 更具有学习牵引力的具体场景。主题故事对于引导学生进入任务执行状态非常重要,要想使 GBS 接近学生的经验,就必须使主题故事显得真实。如果学生面对的是一个不真实的主题故事,那么他们将无法运用学到的知识和技能来解决现实生活中类似的问题。

(4)焦点任务。GBS 的焦点任务或称焦点,它确定了学生通过学习所要掌握的一般任务类型,即应考虑的主要任务的种类。斯肯克定义了四种不同的焦点任务,它们分别是设计、诊断、发现、决策。需要强调的是,设计 GBS 时采用哪种任务类型并不重要,重要的是能够根据目标技能的特征,明确定义某种适合获取和达到熟练运用这种技能的不同任务。根据复杂程度不同,一个 GBS 可以包含很多类型的焦点任务,也可能只包含上述四种焦点任务中的部分任务。

(5)操作。设计者在确定了焦点任务后,接下来要执行计划学习的具体活动——操作。GBS 的任务说明了学生活动的抽象性质,而操作则说明了学习的具体活动。操作应根据主题故事和焦点任务的特征来制定,通常包括以下的活动。

①在模拟的社会情境中发出指令;

②回答问题;

③利用工具制作物品;

④搜索信息(包括从互联网、新闻报道等渠道获取所需的信息);

⑤在模拟的情境变化中做出决策。

2.基于目标的学习计划(GBS)的特质

GBS 的组成成分决定了整个基于目标的学习计划的整体特质,而这些特质在每一个组成成分中都将有所表现。GBS 的这些特质表现为九个方面。

(1)能为学习者呈现激励他们学习的最终目标。

(2)为了成功地实现目标,学习者必须掌握一系列既定的知识和技能。

(3)所要教授的知识和技能是隐藏在学习过程中的。

(4)由于学习者具有不同的学习经验、文化背景以及兴趣爱好,GBS设计不仅考虑到这些因素,还能利用这些看起来不能统一的不利因素来为教学活动服务。

(5)对于前期知识和技能的准备没有特殊的限定要求,学习者能从中探究获取各种技能和大量的知识。

(6)允许学习者选择自己希望的策略来实现最终的目标,也就是说,并非要求学习者采用统一固定的手段来实现目标和完成既定的任务。

(7)学习过程的控制通过反馈信息的答复和那些支持学生追求最终目标的材料的安排来控制。

(8)为学习者第一时间提供学习所需的资源,支持他们来完成任务。

(9)学习环境包括:①现实世界的任务;②合作团队;③对于教学内容和过程都很熟悉的教师;④在线的支持系统。

3.基于目标的学习计划(GBS)的设计原则

根据 GBS 的组成及其各部分的特质,GBS 有其特定的设计原则,归纳起来有以下六点。

(1)真实性原则:知识、技能、态度是隐藏在课题和学习计划当中,并能够在现实的学习和作业中反映出来的。

(2)交织性原则:能够完成课题,实现既定的目标,同时又能够在完成课题中获得特定的能力,学习在这两者之间往返进行,类似于体育竞技中的比赛和训练。

(3)清晰化原则:根据建构主义学原理,把学到的东西与自己现有的知识体系进行整合。把特定环境中的学习进行抽象和概括,以实现学习迁移。

(4)内省原则:定期对自己做过的事情进行反省,并根据与他人的业绩行为进行比较,找出更有效解决问题的方法。

(5)学习循环原则:学习是在"计划—实施—内省"的周而复始的循环中开展的。

(6)多媒体原则:从各种各样的媒体中选择最能发挥效用的媒体帮助学习。

4.如何建立基于目标的学习计划(GBS)

依据特定的设计原则,GBS通常需要经过下面六个步骤来建立。

(1)确定目标。基于目标学习计划是为特定的所要教授的技能和知识所设计的(如评价、综合和比较等能力),它不是概念层面上知识教学的恰当模式(如阐述能力)。

(2)制定需要目标技能才能完成的任务。这一任务就是最终实现的目标(如写一份报告,制订一份计划等)。这个任务是针对学习者而言的,应尽可能明确。

(3)从众多的任务中选择焦点任务。分析学习者所遇到的主要问题,设定能控制学习进程的焦点任务,其比上面提到的任务显得更详细和具体。

(4)设计包含焦点任务的主题故事。主题故事用以设定学习环境,抓住学习者的兴趣,强调主题的重要性。

(5)设计操作。为学习者设定具体的行为操作,尽可能详细地安排学生的操作(如回答一个问题,上网搜寻信息等)。

(6)构建支持目标技能的学习环境(如医院、机房、电视台或外国领事馆等生活中具体的场景)以及网络资源的支持。

(二)创设形象情境

根据教学的需要,抓住事物特征,运用图画、电视、挂图等形象手段,激发学生情感,把学生引进知识殿堂。通过创设形象情境,渲染了课堂气氛,开拓了叙述视野,不仅培养了学生运用知识分析问题的能力,也促进了学生个性的发展。

(三)创设故事情境

故事、小品、科学家小传、科学史事以及与教学内容有关的传说、寓言、成语、笑话等生动活泼、引人入胜的小故事,都能成为学生研究学习的对象。

(四)创设实验情境

一个教学实验就是一个完整的情境,因此教师要善于设置鲜明、有趣的演示实验,以便把学生的好奇心转化为求知识的欲望,开始对新知的探求。学生正是在这种可见的实验情境中,满怀激情地运用形象思维和逻辑思维,进而达到对概念和基本观点的本质性的认识。

二、情境教学评价的方法

按照评价工作的任务和发生的时间,通常可以把评价分为形成性评价和总结性评价。而对于情境教学来说,为了提供适于学习者特征的学习目标、内容、学习环境以及学习策略等,还须对学习者进行诊断性评价。

诊断性评价,即学前评价,是指为了使教学符合学习者的需要和背景而在一门课程或一个学习单元开始之前对学习者所具有的认知、情感和技能方面的条件进行的评价。在情境教学的诊断性评价中,依据评价目标对学习者的现有知识和能力进行测量,对它的知识背景、学习条件、学习要求、学习态度等由问卷来获得了解,并根据测量的数据和问卷的统计给出评价结果。这样,就能在教学中依据评价的结果对学生分组,为不同的学生提供合适的学习环境,依据不同学习者的特点进行教学设计,创设贴近日常生活的真实情境,设计有意义、有目的的学习活动。形成性评价指向改进教育的质量,是为了使教学活动开展得更好而进行的评价,它能及时了解阶段教学的效果和学生学习的进展情况、存在的问题等,以便及时反馈、调整和改进教学。评价结果主要提供给那些正在进行教育活动的教育主体参考,更多地表现为过程性。总结性评价指向一般的等级评定。它的直接目的是做出教育效果的判断,从而区别优劣、分出等级或鉴定合格。总结性评价是外部导向的,评价结果经常作为教育成果使用、教育资源投入和分配以及教育决策等的依据。

很重要的一点是,从评价的性质来考虑,要以学生为中心进行评价,侧重对学生认知发展的评价,而不是对成绩的评价。传统的评价方法,如标准化测试,脱离了学生的真实情境和已有经验,不能全面地测量学生的学习效果,不能有效地检查学生解决真实问题的能力。因此,教师要采用情境化的评价方式,设计具有真实性、情境性的作业或测试,以便使学生形成对现实生活的领悟能力、解释能力和创造能力。

三、情境教学评价的内容

教育评价是对于学习者进行发展变化的各种因素的综合评价,从宏观上说,是对整个教育系统进行评价;从微观教学系统来看,则主要从学生、教师、教学内容三要素上着手。但是在情境教学中,学习者不再从教师那里直接获取信息,而是自主地在特别创设的学习环境中进行各种学习活动。要保证学习者能顺利进行学习并且取得成功,不仅要考虑以上三个要素,更重要的是要具有比较完善的、有效的学习环境系统。学生评价包括学力评价、性格和思想品质评价及体质评价三个方面;教师评价则包括教师素质评价和教师工作评价两方面。而教学内容是与创设的环境紧密相连的,因此要从情境创设上来进行评价,它主要有以下五个方面。

1. 情境创设的真实性

在建构主义学习理论的情境创设中,强调创设真实情境,要求教师利用多媒体技术与仿真技术进行生动的社会文化与自然情境的创设。这是因为真实的情境不仅拥有认知上的价值,而且最接近学生的生活体验,能调动他们全部的感受力和过去生活得来的经验去探讨与发现问题,只有在真实情境中所提出的问题也才最具有挑战性与针对性,对问题的解决也才更能显示出它的价值和现实意义。

2. 情境创设的选择性

世界的存在是客观的,但对世界的理解和赋予的意义都是主观的,世界是由人们根据自己的经验和能力水平来建构和解释的。由于每个人的经验是多种多样的,能力水平也是参差不齐的,因而人们对于客观世界的建构和解释也是多样化的。从建构主义的理论出发,情境的创设应该围绕学习目标,从不同的角度、不同的方面、不同的水平提供多变与多样化的学习环境,在不同的情境甚至是相反的情境中,由学生自己去选择情境进入,按照自己的方式完成意义的建构。

3. 情境创设的科学性

情境创设在建构主义学习理论中指的是在教学活动的设计上要提供与学习主题的基本内容相关的,并与现实生活相类似的或真实的情境,要符合学生的认知结构,使学生具有理解主题所需要的经验,帮助学生在这种环境中去发现、探索与解决问题。情境创设是否成功不仅直接影响其他教学设计环节能否顺利展开,而且对能否引起学生对学习主题的强烈关注有重要影响,使学生产生由于认知上的不满足和欠缺对问题进行主动的探索。

4. 情境创设的整体性

情境创设和协作、会话、意义建构是学习环境的四大要素,它是系统中的一部分,无论是社会情境、动机情境、认知情境,还是概念情境、问题情境、过程情境、规律情境,它们的设计不能与其他环节脱离,而应该是系统中有机的组成部分,是构成其他教学环节的基础。因此,情境创设要考虑到与其他三个环节的衔接,应该有利于其他要素的展开,有助于学生顺利完成对新知识的意义建构。

5. 情境创设的新颖性

人们对世界的感知认识总是最先注意那些最新的信息,因为它们具有刺激性和吸引力,同样,学生对学习环境的兴趣也在于它能否提供新的信息。因此情境创设要善于创新,富有变化,既要让情境与学生的生活经验有一定的联系,又要有新的信息刺激,在学生想不到的地方出现新的情境,提出新的问题,对情境的内容、媒体的运用、组合的方式都应该富有新意,让学生感到进入一种情境就获得一种新的体验,得到一种新的发现。

四、情境教学评价的过程

情境教学在我国中小学教育中的运用比较多,因此主要进行评课和对学生做出评价,不管是何种评价,一般都遵循以下三个过程。

1. 准备阶段

这一阶段指选择评价对象(如内容、人员等),确定评价目标和标准,编制指标体系(将评价目标具体化,使评价目标可测、可量、可比)和选用评价方法(力求最优化)。

2. 实施阶段

这一阶段包括实施评价、搜集信息、处理信息资料(运用统计学方法)及做出评价结论(定量或定性)。需要注意的是这里评价不仅仅是老师对学生的评价,还包括学生自我评价,学生之间一对一的评价,小组评价以及通过一些测试来进行评价。

3. 检验阶段

检验阶段包括制定改进对策(如日常教学决策、评价学生的决策、补救教学决策等)和对评价的再评价。在这一阶段中,评价人员依据评定标准进行综合判断,写出评价意见。并对问题进行深入分析,找出问题的症结所在。教学评价的本身是一个循环往复的过程,在做出教育决策后,评价进入下一个周期。在新的周期之前,要根据评价反馈信息对上一轮教学评价全过程的检验,相对应地对教学进行调整,改善教学的效果。

这种评价模式对于情境教学的评价确实起到了一定的作用,但是随着情况的变化,如评价对象的改变、评价环境的改变以及技术的进步,这种模式还有很多需要改进的地方。反馈的过程其实是一个非常难以掌握的部分,也是一个非常关键的部分。还有相关数据的收集处理,同样需要一些先进技术的帮忙,传统的人工处理已经不能满足要求,这些都是教师对于评价本身需要考虑的问题。

第二节　协同教学模式

教学，尤其是课堂教学，是我国中小学教育活动的基本构成部分，是学校教育活动的主要形式，是综合体现教育思想、教育内容、教育方法的主要渠道。它不仅有教学的任务，更有教育的功能。可以说，传授知识、开发智力、培养能力、提高素质的任务，主要是通过各门学科在课堂教学中独立而又相互配合地进行教育和教学来完成的。因此，教师必须按照素质教育的要求，扎扎实实地搞好学科教学，把工夫花在优化课堂教学上，努力实现课堂教学素质教育化。采用协同教学模式，是实现课堂教学素质化的有效途径。

协同这个词是从古希腊语中借用来的，它标志着开放系统中大量子系统之间相互作用的、整体的、集体的或合作的效应。协同学作为一门新兴学科，它横跨自然科学和社会科学，适应范围非常广泛。协同学以各类开放系统所共有的协同性为研究对象，探讨各类开放系统发展演化的原因及其规律，从方法论的角度揭示了客观世界的本质联系，扩大了人们认识客观世界的视野。协同学是从系统演化的角度研究开放系统在外部一定条件的作用下，其内部诸要素、诸层面和诸子系统之间，如何通过非线性相互作用而形成协同效应，组织成为一个协同系统的内部机制和规律的科学。它在物质世界系统的整体性、结构性和层次性之外，又发现了物质世界系统的协同性。

协同学揭示出的系统联系的协同性的新观点，大大丰富了物质世界普遍联系的范畴，改变了人们的思维方式和科学的世界图景，扩大了人们的视野，为人们认识世界提供了新的方法论武器。同时，也为人们展示了一种新的教育、教学思想和方法。把协同学的基本原理应用于教学领域是非常有意义的。它不仅阐明了教学系统内部诸要素、各层次要素和结构、结构和功能、功能和环境等，都是对立统一关系，只有创造条件形成协同效应，推动系统从无序状态向有序状态转化，才能发挥教学系统的总体功能,而且指出系统诸要素在其运行过程中,具有不同的功能,其中有居于主导地位,起着序参量作用(序参量的大小标志着系统宏观有序的程度)的一个或几个要素。当这种起序参量作用的要素的性能加强了,各子系统就会产生协同效应,使教学系统处于有序状态。当教学系统与环境失去平衡,就会出现某种混乱无序状态,其根本原因在于教学系统内部关系不协同,结构不合理,自组织(指事物或一组变量从无联系的状态进入某些有联系的特定状态的过程)水平低,整体功能差。教学系统处于无序状态,会严重影响学生素质的全面和谐的发展。因此,落实素质教育要抓住教学系统的协同作用,实施协同教学是重要的教学手段之一。

协同教学作为一种教学策略体系,就是按照协同学的观点,在教学活动中力求使教学过程诸要素之间以及教学过程与教学环境之间始终处于一种协调、平衡状态,从而减轻学生负担,提高教学效率,使学生得到全面和谐的发展。这与素质教育着眼于学生及社会发展的需要,以面向全体学生、全面提高学生素质为宗旨,注重对受教育者潜能的开发,促进他们在德、智、体、美、劳方面生动、活泼、主动地发展的培养目标是一致的。可以说,协同教学是实现素质教育思想、目标要求的一种有效途径。协同教学的内涵,主要包含三层意思:(1)协同教学追求的价值观是人的自身发展需要与社会发展需要的统一。因而协同教学要求通过教学活动促进学生在基本素质获得和谐发展的基础上,个性能够获得充分发展。(2)协同教学所运用的主要策略是从调控教学系统结构诸要素的关系入手,为学生身心健康发展创设和谐的教学条件和氛围,实现教学的整体优化。(3)协同教学的目标是促进学生素质全面、和谐、充分的发展,高效地实现素质教育的培养目标。

协同教学以协同学的基本原理为其方法论基础,即借鉴协同学的自组织理论,强化教学过程中的协同效应,注重整体结构中的协同运作,减少或消除因不协调产生的内耗。在教学活动中,以培养学生自我发展能力为核心,注重对学生自主性、主动性和创造能力的培养,使学生积极参与教学过程,在知、情、意、行和德、智、体、美、劳方面都和谐地发展。

一、协同教学的教学原则

1. 目标认同原则

课堂教学是有目的、有计划、有组织、有指导的活动。它有明确的教学目标,从协同学的观点来看,教学目标是教学系统自组织水平的标志,它对师生的教学活动起定向、维持、强化、激励和调控的作用。没有目标或者目标不明确、不完整,教学就会处于无序混乱状态。

2. 协调同步互补原则

协调是师生依据教学目标、教育科学理论和自己的实践经验,统一目标、统一认识、统一行动的过程。师生在协调关系的过程中产生同步、互补效应。同步是教学系统各要素运动变化在时序上的一致;互补是教学系统内部各要素间相互补充、相互促进的关系。

3. 自主构建原则

教学过程是一个自组织过程,学生的发展也是一个自组织过程。内部动力是自组织的根本动力,但是其他组织的作用也是不可忽视的,而外因要通过内因才能起作用。人是教学过程的主体,学生发展的过程、教学过程和学生素质的自组织过程都是主体自我构建过程。离开主体的自我构建,自组织是不可能实现的。自我构建的过程也是主体与客体(环境)相互作用的过程。

4. 思维主动开放原则

教学系统是一个开放系统,作为教学系统主体的教师与学生也是一个开放系统。教学系统的开放,主要是同环境进行信息交换。人是教学系统的主体,因此,开放主要是指教师和学生思维的开放。没有开放的思维,人与外界没有信息交流,要获得心理系统的发展是不可能的。人具有主观能动性,主动开放是能动性的表现。思维的能动性表现为选择开放的内容,决定开放的程度,思维的主动开放性决定着整个心理系统进化的水平。

二、协同教学的策略

采用协同策略,促进和谐发展,可以看作是协同教学的本质特征。在课堂教学中运用协同教学策略要注意九个方面。

1. 协同教学目标

实施协同教学,在考虑教学目标时,从层次上看,要着眼学科教学总体目标,联系单元目标,落实课堂达成目标。从类别上看,要以学科认知目标为主,善于挖掘和利用学科教材中的智力、哲理、情感、方法、社会价值等方面的要求,协同品德、智能、个性、审美等多种素质培养目标。

2. 协同教学要素

在课堂教学的动态过程中,教师的"导",学生的"学"及教师指导下学生的"练"是三个不可或缺的要素。只有这些基本要素协同一致,才能实现课堂教学的优化。要以"教"为主导,"学"为主体,主体和主导只有进入了训练过程才能达到和谐统一。学生的善学,老师的善导都必须通过一个善练的科学序列才能实现,所以要使"学""导""练"协同,就必须努力构建以"导""练"为主线的课堂教学结构。

3. 协同教学方式

在教学过程中,要废止"满堂灌",教师不要唱"独角戏",要把全班教学、小组学习和独立自学这三种教学组织形式有机地组织起来。这种协同教学组织形式,既有利于提高教学质量,也容易满足个别学生在学习上的要求。一般认为,提供灵活的分组和个别化教学的机会,是协同教学的最大优点。教育学家巴班斯基指出:"需要把全班的、小组的和个别的教学形式很好地结合起来,不这样做,就不可能把接受较慢、学习较差的学生也带上来。"小组学习形式特别有利于培养学生的合作意识和合作能力,也有利于实施分层递进教学和引入竞争机制。

4. 协同师生情感

教育家苏霍姆林斯基认为,心理意义上的教学是人的心灵的最微妙的相互接触。在课堂教学中,只有师生不断地进行情感交流,特别是教师要以情激情,以自己对学生的热爱、尊重、要求和期待去激发学生爱师的情感,才能收到"亲其师,信其道"的情感迁移和升华的效果,从而充分发挥学生的主体作用,提高教学效益。在教学中协同师生情感的主要策略有师生互爱、相互尊重、教学民主、以情激情等。

5. 协同教学媒体

教师向学生发出教学信息的载体,以及学生向教师借以反馈的载体,统称为教学媒体。诸如教科书、粉笔、黑板、挂图、标本、仪器等,统称为传统教学媒体;录音、投影、录像带、电影片、语言实验室、计算机等,统称为现代媒体。在课堂教学中,要合理应用传统教学媒体,恰当引进现代教学手段,重视教学信息并及时反馈调节,保证教学信息顺畅迅捷地传输,这种多媒体协同的教学方法可以变以前教师中心课堂为师生双边活动课堂,极大地提高课堂教学效率和学生素质。

6. 协同左脑右脑

大量实践表明,科学上的任何发现或发明,都是抽象思维与形象思维相互结合的产物。因此在课堂教学中,既要训练学生的抽象、概括、分析、综合、归纳、演绎等逻辑思维能力,又要训练他们的感觉、体验、想象等形象思维能力,有意识地使左脑、右脑协同活动,使各自的功能都得到充分发挥,从而提高用脑效率,采用全脑协同学习。在学习过程中,要注重把符号与形象结合起来,把阅读和朗读结合起来,把用脑与用手结合起来。教师还应帮助学生掌握健脑技术,让学生科学高效地学习,协同和谐地发展。

7. 协同教学环境

教室环境的布置和整洁程度,对于美化学生的心灵,提高他们的身心健康素质,提高教学质量都很重要。要努力创设智力背景,实现环境育人的功能。如在教室的周围墙壁上张贴名人画像与名人条幅,有助于激发学生的学习动机和陶冶他们的情操;张贴一些世界名山大川、名胜古迹的摄影和图画,有助于美化学生的心灵,增加他们的知识;张贴一些知识结构图、概念、法则表等,则有助于学生学习课本知识,不断强化记忆;在教室后面的黑板上让学生轮流办黑板报,则能增强学生的写作能力、板书、板画能力和思维能力。而整齐的桌椅,漂亮的窗帘,明亮的灯光,能够创造一种协调氛围,使人产生一种愉悦的心情,从而提高脑力劳动的效率。

8. 协同学习方法

心理学的研究表明,多种感觉器官的协同活动,可以增强记忆效果。比如,单凭听觉每分钟仅能传达100个单词,而视觉的传达速度则是听觉的一倍,视觉和听觉同时起作用则是听觉的十倍。因为各种感官都从同一对象接收信号,会使大脑皮层各个相应区域同时兴奋起来,建立多通道的信息联系。因此,教师在教学过程中,应尽可能地让学生将自己的眼(看)、耳(听)、口(诵、说)、手(写)、脑(思)都动员起来,让多种感觉器官和思维器官一起参与协同学习。当然,并非在任何情况下都需要全员调动,要根据具体需要和条件,能采用几种学习方式就采用几种。调动各器官协同学习时特别要注意它们的协调同步,以求取得最佳效果。

9. 协同课堂内外

教师要善于将学生课堂内外的学习有机地协同起来。从内容上说,在课堂教学中,教师的教学要尽可能地引进时代生活的源头活水,引入最新的科技成果和信息,还应结合课内教学内容尽量引导学生延伸拓展,指导学生积极开展课外学习和实践活动,做到内引外联,相辅相成。从时间上说,教师要协同安排好课内外学习时间,这样学生才有时间参加课外、校外活动,才有较充分的时间来发展自己的个性爱好,培育自己的优势素质。

三、协同教学模式的构成及操作要点

协同教学是一种融教学论、教学法、教材改革为一体的教学实验课题。运用协同理论,提高教学系统的自组织能力,协调好教学系统内部各要素之间的关系,建立起语文教学系统自我调控的机制,使教学系统形成新的有序的整体结构,发挥最佳的整体功能,从而促使人的身心协同发展,提高人的素质,这就是协同教学。其教学过程分为五个步骤。

1. 制定目标

只有明确的训练目标,才能在教学中尽量减少教与学的盲目性和随意性,那种心血来潮即兴发挥的教学不利于提高课堂教学效率。教学目标也有其严格的体系,从纵向看有四个层次:大纲意识——总目标;年级要求——阶段目标;单元要求—单元目标;课文要求——达成目标。在课堂中务必落实达成目标,紧扣单元目标,体现阶段目标,关联总目标。在制定课堂教学目标时,必须双向往复,自上而下,全局在胸,由上而下,步步紧扣,这样就可以避免教与学的盲目性和随意性。

2. 学生自学

学生自学包括课前预习和课上自学。学生在教师的指导下,根据学习目标,按照教材的逻辑程序,运用科学的思维方法,独立地分析、理解教材,并按从低到高的顺序,对学习目标层次(认识、领会、应用、分析、综合、评价)做出具体反应,是学生自觉积极地获取新知识、新技能的认知过程。

3. 学生讨论

讨论是初步解决问题的方法。为了便于讨论,提高讨论的效果,可以事先把学生的座位搭配好,把思维敏捷,学习成绩好的优等生分散开,就近四人编成一组。在分组讨论中,教师巡视各组并参与他们的讨论,适当启发、点拨、反问、引导,帮助他们解决问题。对小组讨论还不能解决的教材中的重点、难点问题,可以再组织全班讨论。全班讨论时教师因势利导,引导学生积极思考,明辨是非,寻找结论,从而培养学生分析总结和解决问题的能力。

4. 教师引导

经过讨论,有的问题解决了,但仍有不少问题尚未解决,或理解不够深透。这时,学生便把希望寄托于老师,教师重点讲解的时机就成熟了。为此,教师引导要力求生动有趣、言简意赅、掷地有声、富有启发性,并将重点应放在"三点一线"上。所谓"三点"是指新旧知识的结合点,新知识的关键点(即教材的重点、难点),理论和实际的联系点;所谓"一线"指前后各课之间、各单元之间和各阶段之间的内在联系。同时教师引导要抓住学生的兴奋点,即指由学生提出、为学生普遍关注且与教材紧密联系的问题。

5. 综合练习

学生对知识的进一步理解,要在一定的练习之后才能达到,因此教师在处理作业时要做到三个字"少""精""活"。作业要"少",实质上是反对那种既加重学生负担,又达不到预期效果的盲目多练,也就是作业量要适当;作业要"精",也就是说,布置作业不光要注意量,更要注意质,要精心挑选,合理编排;作业要"活",是指练习形式要多样化,所涉及的知识每一次都在新的联系中再现,就能使学生每做一道题都有新的发展。同时要考虑学生之间的差异,不搞"一刀切",有必做题,选做题,有不同难度分层次的练习题,这样才能使各类学生都得到发展。

四、协同教学的基本课型

1. 学习方法课

很多学生学习不得法,效率很低,这是中学生课业负担重的原因之一,因此有必要设专课指导学生学会科学地学习。学习方法可以教师教一些,学生在教师指导下,根据自己情况总结一些,其内容包括学习常规、学习不同学科的方法、心理学的基本知识、逻辑学、哲学知识等。

2. 自学课

(1)教师向学生布置自学提纲并进行自学前指导谈话。

(2)学生紧扣提纲进行自学,并将自学成果写在笔记本上。

(3)做一些参考练习题以检查学生自学成果和加深对教材的理解。

3. 启发课

(1)教师突出重点,简明扼要地向学生讲解本册、本单元教材的知识体系或一篇课文的学习重点和难点,为学生理解难点提供必要的基础。

(2)教师围绕重点,讲解难点,引导学生从知识本身的内在联系中去观察分析和解决问题。

(3)教师讲完一个问题,要鼓励学生提问,营造学生敢于发表不同见解的氛围。

(4)教师要总结一些有规律性的知识,促进学生理解。

4. 复习课

(1)教师布置复习提纲并进行指导谈话,复习提纲比自学提纲更简明扼要,要抓住要领,突出主要问题。

(2)学生按教师布置的复习提纲,反复思考仍未解决的问题,达到完全理解的目的。

(3)教师请1～3个学生当着全班同学宣讲他们的复习笔记,然后进行评论,提出优缺点,以加深学生对单元教材主要问题的理解。

5. 作业课

(1)教师布置作业和指导讲话。作业要围绕教学目标选一些有代表性的练习题,要达到举一反三、触类旁通的效果。

(2)学生独立完成作业,教师巡回进行指导。

(3)教师小结在作业中发现的问题。

6. 综习课(单元测试)

学生在教师的指导下,通过复习和练习,进行独立思考,使所掌握的知识进一步系统化、概念化,所学的技能进一步综合化、熟练化,并同时提高自学能力,发展智力。

7. 自改课

(1)教师上课前抽查一部分学生的作业(阅读练习和作文),从中发现一些问题。

(2)教师根据发现的问题,写出自改课的目的,并进行指导讲话。

(3)学生根据教师的提示自改作业。

(4)教师请1～2个同学当着全班同学总结自己改作业中的情况。

(5)师生共同评论,教师总结。

总之,协同教育的核心是通过健康的心理教育来提高学生的心理素质,促进学生全面发展。在教学中运用协同教学,涉及的因素很多,要充分考虑学生学习基础、学习方式、个性差异、学习潜能诸因素,做到内外因协同,教与学协同,师生情感交融,以乐教助乐学,教、学合一,面向每个学生整体素质的各个方面,学生自主构建,变被动学习为主动学习,全面提高学生的心理素质,提高学生的学习效率,培养学生对学习的兴趣,掌握探索知识的基本方法。

第三节　自学辅导教学模式

自主学习、独立思考是创新能力和实践能力的基础。课堂教学改革关键是如何在教学过程中充分调动学生学习的积极性,全面增强学生创新意识和实践能力,培养其成为勇于探索、勇于实践、勇于创新的优秀人才。而教学要达到这样的教学目标和要求,必须进行课堂教学模式的改革,加强对自学能力的培养和独立思考能力的训练,也就是说,课堂教学必须以培养学生自主学习、独立思考为基础,全面提高学生理解、思考、探索、实践、创新的能力。自学能力主要包括独立阅读能力、独立思考能力、自我组织能力、自我检查能力、自我监督能力以及灵活运用知识分析问题解决问题能力,简单地说,自学能力就是学生自己获取信息、消化信息、使用信息、反馈信息的能力。当前课堂教学模式,其主要特点是班级授课制,这种教学模式高效、经济、教学资源利用率高,在当前的客观情况下,今后很长的一段时间里是无法替代的。但不可否认,这种教学模式在教学过程中,在强调群体统一的同时限制了学生个性的发展,造成学生个性发展的不足。针对这种情况,提高学生的自学能力,使学生在群体教学中自主地获取信息,发挥主人翁精神,自觉地、主动地、创造性地学习就显得越来越突出,越来越重要。教育家叶圣陶老先生说过:"教是为了不需要教。"并多次提到"同学们要学会自学的本领,教师要想方设法引导学生学会自学的本领""学生在校时如果得到被引导向自学方向前进,学生有福了,他们一辈子得到无限的受用"。

从现实情况看,今天的学生,明天将是社会的栋梁,在社会的大课堂里,在生活和生产实践中,会有很多新问题、新知识、新方法需要在实践中不断学习,不断摸索。教师给予他们良好的学习方法,较强的自学能力,就是给予他们开启知识宝库大门的钥匙,使他们终身受益。

一、自学辅导教学策略

实践证明,自学辅导策略能够使学生知识水平、自学能力以及学习行为都收到良好的效果。不过,一所学校,一个班,一门学科,要开展自学辅导教学,最大限度地发挥自学辅导在教学中的作用,要做到以下五点。

第一,一所学校从领导到教师,要提高对教学改革的认识。目前,我们正置身于一个教育改革的时代,置身于一个使学生成为学习主人翁的时代。教学要不断创新、不断改革才有出路,才能发展,否则将会落后,被时代淘汰。要充分认识到自学辅导教学模式是经过几十年的长期实践,不断改进,不断完善,不断创新,有坚实的理论基础,有专家的精心组织策划、指导,有广大教学第一线的实践的教学体系,特别是在当前创新与实践的素质教育、教学改革的热潮中,自学辅导显示出越来越强的生命力。

第二,是引导学生、提高学生对自学能力的认识。凡是一种新生事物,一种对传统秩序的改革,都有阻力。要得到良性发展,必须经过认识、实践、再认识、再实践的过程。刚开始实施自学辅导教改试验的时候,不在教学进度上急于求进,而是让学生从思想上、认识上、观念上理解课堂与教学改革的现实意义,组织学生讨论培养自学能力和单由教师"满堂灌"的利与弊,使后进生认识到自辅模式能使自己结合自身的实际学有所得,从陪读中解脱;中层生学习更加主动,效率更高;尖子生学有余力,可以进一步扩大学习范围,这样就可以极大地发挥自己的学习潜力,使自身能力得到进一步提高,真正成为学习的主人。

第三,达成共识之后,还要激发学生的自学兴趣。入门阶段,教师应多设计一些生动活泼、学生喜闻乐见的情节调动学习热情,通过创设一些竞赛情境,竞争的氛围来激发学生的兴趣。同时,在课堂设计过程中,要充分考虑各层次学生的实际,设计一些符合实际、力所能及的问题,让学生去讨论、去分析、去解决,使不同层次的学生都获得成功,从而产生成功的喜悦,增强自学的信心,使自辅教学过程有良好的开端。

第四,教给学生自学的方法。自学辅导对培养学生的自学能力的积极意义和必要性已经明确,学生正确的自学方法就是成功的关键了。不同的学科,其自学方式和方法也不尽相同。语文课跳读、速读、细读、精读、讨论、理解表达是自学的基本环节,要求学生敢读、敢说、敢写。数学课则强调理解与思考,理解知识的发生过程,理解概念。要善于发现问题、分析问题、解决问题、突出"多思多练"的特点。其他学科,不一而论。

第五,自辅模式教学的成功,其中之一就是课堂上教师与学生的距离进一步拉近,关系更加密切,教与学更加丰富多彩。因此,课堂上切忌千篇一律。虽然都是启、读、练、知、结,但有些过程学生能做到的尽可能让学生自己做,有些问题学生不能完全解决的,教师启发引导学生解决,一些抽象的、理性较强的东西,也要充分发挥教师的主导作用。

二、自学—辅导式教学模式

自学—辅导式教学模式是在教师指导下学生自己独立进行学习的模式,这种教学模式是我国教育界培养学生独立思考能力的依据。

1.理论导向

该模式以培养和提高学生的自学能力为主要目标,有利于学生积极开动脑筋,在探索中求得知识的掌握与内化。教学过程中,学生可以进行广泛的交流,相互提示,可以大大提高学生的学习热情。因此,它比单靠"讲授—听讲"单通道进行信息传送的模式质量要高得多。

2.教学基本程序

该教学模式的基本程序是:自学、讨论、启发、练习和总结。

(1)自学

自学是该模式的核心程序和主要教学活动。学生根据教师提出的教学任务和要求独立阅读教材,使学生将原有的知识同新的要求相对照,揭示学习过程中的主要矛盾,以便有的放矢地组织教学。由于学生知识背景的差异,教师应当根据每个学生的实际阅读能力,在自学过程中因人而异地进行指导,以求不同学生逐步达到以下三个层次的水平。

①使学生基本具备独立阅读教材的能力,对教材内容的理解基本正确。

②绝大部分学生在自学结束后,能够在理解的基础上整理出正确的课题内容的逻辑结构。

③学生能够把自学的内容同自己的认知结构联系起来,对其中结构不同或差异较大的新知识能找到解决的突破口,顺利地实现知识同化。

(2)讨论

这个环节是在自学的基础上进行交流,对自学中存在的问题进行讨论。讨论旨在集思广益、取长补短,在对问题的共同探讨中,培养学生分析、概括等思维能力和演绎、归纳等推理能力以及协作精神。讨论可以在同桌之间进行,可以在邻近的同学间进行,还可以将班级的学生分成若干小组进行讨论。分组讨论时最好能注意按学生的学习成绩和个性心理特征进行适当的调配。

(3)启发

对经过上述两个环节的学习仍然存在的问题,教师应当进行点拨、指导和答疑,帮助学生解决学习中的疑点,但要注意教学方法,尽量引导学生通过自己的思考得出结论,避免直接呈现答案。

(4)练习和总结

指导学生通过完成各类作业和实践操作消化、巩固和运用所学的知识,对学生的练习,教师要给予适当的评价,并要求学生及时改错、强化、总结,使所学的内容纳入已有的知识体系。

3.教学原则

所选的教学内容应当适合自学,难易要适中,过难或过易都不利于培养和发展学生的自学能力。

对学生自学的内容、范围和所要达到的程度都要有明确的要求。在自学和讨论的过程中,教师应当向学生明示教学的重点和难点,以引起学生的重视。教师的任务在于引导、点拨,改"以讲为主"为"以导为主",突出学生的"学"。严禁教师对理解能力低、学习成绩不理想的学生进行讽刺挖苦,要善于爱护和激发学生学习的积极性。

4. 辅助系统

注意在自学前为学生提供必要的辅导材料,以帮助学生补平新旧知识间的间隙,拓宽学生的视野,引导学生正确思维。在现有的学生知识体系下,辅助系统已经比较完备,包括面授辅导课、电话、网上、E-mail 答疑、小组讨论等都可以综合利用起来。

5. 教学效果

这种教学模式重在培养学生理解教材、掌握知识、分析问题和解决问题的能力,也有利于教师解决集体教学中因材施教的矛盾。该模式的应用有利于学生自学能力的培养提高,有利于学生创造性思维的发展,能提高学生学习的主动性及主体意识。该模式的应用有利于培养学生团结互助、尊重他人和团队协作的精神。

6. 掌握运用该模式需要注意的环节

(1)并不是所有内容都适合学生自学。采用该模式进行教学,要注意选择适合的教学内容,最好由课程辅导教师参与教材的征订。

(2)学生自学能力的培养是一个渐进的过程,教师应有意识地对其进行培养,可先在自学课、公开课的教学中实施。

(3)自学是本模式的中心环节,它关系着整个教学模式功能的发挥,教师要力戒以"讲"代"学"。

(4)该模式的运用,要求教师有较高的业务水平,善于启发和组织学生自学,能够有的放矢地对学生进行个别辅导,否则就很难实现教学目标,甚至导致教学质量下降。因此应该加强课程辅导教师的培训。

三、自学辅导对培养学生学习能力的积极作用

自学辅导教学,提出"启、读、练、知、结"的新的教育模式,自学辅导的

教材,把教学内容、教学方法融为一体,以全面提高学生的整体素质为主导思想,它较为彻底地改革了传统教学"满堂灌"的弊端。学生掌握的知识是在教师指导下通过在课堂上自己动脑、动手,培养自学习惯,不断提高自学能力而获得的,主要优势体现在两个方面。

1. 自学辅导教学利于培养学生自学兴趣,激发学生求知欲望

"强动机,浓兴趣"是自学辅导教学始终坚持的原则。学生初次接触这样的教材和教法,都感到好奇,有新鲜感,产生强烈的兴趣,都想亲自试一试。而兴趣是求知的起点,是思维培养和能力提高的内动力,兴趣可以激发情感,培养意志,可以唤起某种动机改变态度。浓厚的兴趣能够激励人们积极的探索,敏锐的观察,牢固的记忆和丰富的想象。能使人们积极地提出问题、研究问题,并积极地改进学习方法,创造性地运用知识,从中受到美的熏陶。在自学辅导教学中,"启"虽然只有短短几分钟,或者三言两语,但由于能够根据教材特点精心设计,通过恰当质疑问难,引导学生的好奇心、注意力和求知欲,诱导学习兴趣,能使学生处于积极思维状态,对于提高自学能力、提高教学质量起到了重要作用。

2. 自学辅导教学有利于培养学生自学能力

自学辅导教学按"启、读、练、知、结"相结合的学与教的课堂模式把学生的学习积极性摆在中心位置,从单纯灌输知识技能转为着重培养独立阅读能力、思考能力和解决问题的能力。强调求学要自己求,教不仅仅是教书,还教学生学习方法,变"学会"为"会学",积极鼓励学生形成良好的自学习惯,为学生创造学用结合的条件。一般从训练自学方法入手,培养学生独立学习能力。例如课文阅读,教师可以引导学生逐词逐句理解。通过教师认真指导,学生能深刻理解其内涵,同时教师要教会学生勾画课文重点,做必要的标记,经过教师逐步引导和模拟,学生渐渐对阅读的基本方法有初步掌握,并逐渐养成独立阅读习惯。在这基础上,再由教师拟定提纲,指定重点难点,帮助学生阅读理解,提高学生阅读能力,同时教师

做好小结，增强知识的整体性和系统性，有利于培养学生独立的总结、归纳能力，使知识得到升华，使学生总结归纳能力得到提升。在自学辅导教学过程中，教师自始至终注意培养学生独立思考能力，抓住课堂教学的重点和难点，进行适当启发，打开学生思路，使学生思维能力不断向纵深发展，促使学生通过自己的思维活动获得知识，掌握规律。自学辅导教学培养学生自学能力的过程是一个有计划、有步骤、由浅入深、由学生的不自觉到自觉的培养过程。课堂教学的"启、读、练、知、结"五步教学模式在实际教学过程中采用的是"设问—操作—反馈—练习—总结"的方式，以增加学生独立看书自学时间，减少教师讲解时间，尽可能让学生自己去学习、去探索、去发现。

当自学辅导教学法提高了学生阅读和思考这两个自学的必备能力后，便十分重视培养学生的自信、自强等非智力因素，努力使学生在自学过程中感到学有所得，体会到通过自己学习能够学会，难度再大的问题通过努力也能解决，从而体会到成功的甘甜。至于差生，教师则应给予更多的"偏爱"，作业尽可能当面批改，当面解决问题，鼓励他们增强自信和勇气，激励他们努力向上，从而调动每个学生的积极性。自学辅导教学，真正达到了面向全体学生，全面提高学生的综合素质和动手能力。

无数事实证明，自学辅导教学能更有效地培养学生主动获取知识、理解知识、掌握知识、独立思考和分析问题的能力，有效地发展了学生的思维能力，提高了认知能力和认知水平，形成新的知识结构。同时也克服了学生对教师的依赖性。学生通过阅读获取了信息，从而培养了自学能力，学习上获得了更大的成功。

如今自学辅导模式在教学改革中的影响越来越大，经过专家、学者、教师们的努力探索和实践，不断改革和完善，必会结出更加丰硕的成果。

第四章

英语课堂学习共同体的管理研究

第一节 英语课堂学习共同体的构建思路

一、标准的合理制定

英语课堂学习共同体的构建首先要确定恰当的标准,并按照一定的标准组建不同规模、类型、层次的学习小组。最基本的分组根据学业成绩划分和组建学习小组,这样的分组针对性强,是完成英语课堂学习共同体构建的基本条件。同时,英语课堂学习共同体还应适当拓展学习共同体组建的标准,满足学生的多元需求,从多个侧面推进英语课堂学习共同体的构建。例如,依据学习方法,改善学习方式;依据学习基础,夯实学习根基;依据学习习惯,养成良好习惯;依据学习兴趣,促进特长发展;依据学习风格,适应学习差异;依据不同智能,发展多元智能。除了课堂学习共同体,还可以组建心理辅导共同体、情感支持共同体、志愿者共同体等课外学习共同体及网络学习共同体。一个班级可以有多种类型、规模的学习共同体同时并存,一个学生除了课内固定的学习小组,还可参加 2~3 个课外小组。多种多样的学习共同体有助于突破单一学科、课堂的限制,拓展学习时空,充分利用、挖掘学生的差异资源,为不同特长、不同潜力的学生提供展示平台和发展机会,使他们取长补短、携手共进,满足他们多样化的发展需要,并通过举一反三和方法迁移,收获英语课堂学习的成长,实现学习共同体蕴含的多种价值,使整个班级成为一个真正意义上的共同体。

二、成员的有效组织

首先,要增强学习者的共同体意识,使他们意识到自己是在一个团体中学习,感受到团体对自己的价值和意义。在学习伊始,可以让每个学习者写一份自我介绍,通过电子邮件发送给全体成员。每个学习者还可以建立自己的个人主页,附上自己的照片和个人资料。在条件允许的情况下,可以安排一些面对面的课堂活动,增强交流的真实感。此外,要鼓励学习者在学习过程中相互求助、相互提供帮助,而不只是向教师请教,这样更能使学习者感受到共同体对自己的价值。其次,要根据学习任务及学习者的特点选择一定的组织方式,如采用小组合作学习的方式,每个学习小组安排一个组长,负责协调本小组的活动,报告小组的进展情况。在网络应用上,安排课题负责教师、学科专家、辅导员及技术支持人员等,将网络教学与原有的课堂教学衔接起来,使网上学生与在校学生在活动组织上具有一致性。从群体结构的角度来看,主要包括以下组织策略。

(1)选择合适的小组规模。在学习共同体中,应根据实际情况,对全体人员进行合理的分配。国内大多数研究者对多少人一组进行协作学习效果最好的研究表明,小组成员以3到5人为佳。

(2)依据任务难易程度选择恰当的分组方式。群体动力学的研究表明,在群体活动的任务比较简单时,同质分组的活动效率较高;反之,则异质分组的活动效率较高。学习者在学习能力和风格上差异较大,因此有必要定期对学习者的初始能力和学习方式进行测定,建立有关学习共同体特征的数据记录,包括公共的和个人的有关材料和信息,以便进行科学有效的分组。

(3)让学习者在群体中扮演符合个性的任务角色。在学习过程中,每个学生都应积极参与并承担对整个任务的完成必不可少的角色。

三、规程的合理制定

学习共同体作为一种教学组织形式,不是机械的联合和暂时的应景,不是学习过程中的一段短暂插曲,而应成为学生学习的常态。因此,制定学习共同体规程便成为学习共同体健康成长和可持续发展的内在需求。规程的制定与运行,能为课堂学习共同体提供行动规范,使课堂学习共同体成为一个有机的社会实体,并最终成为一种教学文化。

学习共同体规程既有宏观的活动规程,又有具体的活动规则。课堂学习共同体的一般规程为只谈关于练习或讨论的问题;耐心和蔼地对待同组成员,不排除争论;参与讨论,认真倾听,有责任心;向他人求助或为他人提供帮助,确保所有成员清楚明白。以三人小组英语阅读学习为例,其具体规程如下:三人小组中的一人朗读课文中的一段,另两人注意听,对朗读中出现的错误进行纠正;研究第一个问题,每个人都提出自己对这个问题的看法,至少记下三个好的回答,小组成员共同决定哪一个回答为小组最佳答案;依照步骤二逐一解决所有的问题;所有问题均答完后进行小组总结。

需要指出的是,在学习小组组建过程中,有必要开展一些宣传、解释与说明工作,并且进行一定的培训。通过培训,使学生认同学习小组的必要性与重要性,明确小组活动规则,积极参与小组活动,互助互学,共同进步。

四、信息的有效沟通

研究表明,沟通对群体中的问题解决、人际关系和人际吸引有着重大影响。因此,可以通过以下四个方面保证学生在学习中知识、情感双重信息的有效传递和沟通。

(1)信息交流模式的选择。一般而言,一个群体的沟通情况决定了组织形式是不是集中化,而集中化的程度反过来影响该群体解决问题的效率。但从群体成员的满意度上说,圆周式沟通能提高群体士气,使大家都感到满意。

(2)知识信息中渗透的情感。在知识的信息载体中,不仅要注重知识的明晰化、系统化和科学化,也要注重知识的情感表现力,并以此来激发成员之间的热情和兴趣。

(3)选择适合交流情境的支持工具。学生在学习过程中既可以采用面对面的传统方式进行学习沟通,也可以采用现代通信手段进行沟通,如用手机、网络等进行信息同步或异步的沟通。

(4)提供必要的技术帮助和支持,以提高成员信息交流的效率和消除成员的技术恐惧心理。

五、群体的认同与归属

内聚力是群体动力学中的重要概念,指群体的吸引力,包括群体对其成员的吸引力和群体成员之间的吸引力。可以把一个内聚力强的群体描述为其成员为了一个共同目标而一起工作,每个成员都愿意为群体承担责任,忍受痛苦和挫折,抵御外来的批评和攻击等。由此可见,群体内聚力是作用于所有成员并使其参与群体活动的所有力的集合。因此,提高学习共同体的内聚力才能把所有成员团结在一起,成员关系融洽才能相互协调,愿意尽力帮助组内其他成员,从而提高自己和他人的学习效率,收获最大化的学习成果。群体动力学家们认为,群体内聚力包括认同感、归属感、责任感和安全感,它主要受群体内合作氛围(如成员之间的友好程度、志趣是否相投、成员的安全感等)和外在压力与威胁的影响。[①] 结合学习环境的特点,可以从以下四个方面增强群体内聚力。

(1)建立小组标识,激发小组成员对学习共同体的认同感。

(2)通过元讨论技术将小组成员的注意力导向小组的任务。元讨论是关于讨论的讨论,是一个理解并改进群体过程和群体规范的机会。通过元讨论,小组成员对小组规范或任务更明确,能加强参与程度,增强归

---

① 刘邦春,蔡金胜,刘玉甜. 高等院校教师岗前培训[M]. 上海:上海社会科学院出版社,2022.

属感。

(3)积极鼓励成员间的交流和互动,强化努力后的成功体验,使成员更倾向于对小组抱有积极的态度,以创造良好的协作关系和人际氛围。

(4)协作中适当开展组间竞争。外在压力和威胁是增强群体凝聚力的有效手段,在协作小组之间开展适当的竞争,可以有效地激发组内学习伙伴间较强烈的互动需求。

六、动机的激发与维持

学习中的动机包括协作动机和学习动机两个方面。在学习过程中,协作动机显得尤为重要,是实现有效协作和沟通学习的关键。在协作动机的驱动下,学习者之间能够建立一种友好合作的关系,能够共同承担责任和解决问题,从而有助于良好协作氛围的形成和学习目标的达成。下面从群体动力学观点来阐述激发和维持学习动机的策略。

(1)设计难度适中的群体目标。群体目标是群体成员认同或期望的某种理想境界,是促进群体向目标移动和对群体成员施加影响的动力源泉。有关研究表明,尽心接受群体目标的成员表现出最为强烈的学习动机,并能为群体达到其目标而努力工作。同时根据期望理论,当成功概率在二分之一左右时,大多数成员会尽自己最大努力去获得成功,因为不努力就有可能失败。

(2)创设新颖的问题情境。具备新颖性和问题性的情境,才能引起学生认知不协调,进而激起注意力。应鼓励学生将讨论以问题的形式而不是以题目的形式展开,并通过设计良好的、可以激起后续讨论的问题来结束讨论。

(3)开展适当的协作交流活动,如辩论、投票竞选等。活动中要求学生必须亲自实践,并定期采用交流、展示、互评、成果分享等激励措施促使学生完成任务。

(4)制定外显明确的小组学习契约。小组学习契约是群体规范的具体表现,是学习共同体成员之间共同签订的一种外显的协议或隐性的心理默认。后者被称为心理契约,它是共同体中的每个成员对其他成员在任何时刻都存在的一种没有明文规定的相互信赖和期望,这种期望是一种心理情感需求的期望。研究表明,个体乐于协作学习是因为他们相信学习共同体能实现他们的愿望,能提供与学习绩效相对应的发展。

(5)科学地开展学习效果评价。恰当、及时的学习效果评价是一种激励学习动机的有效手段。通过及时的评价进行反馈,可以促使群体成员对学习不断地调整和完善。

第二节　英语课堂学习共同体的运行策略

当下英语课堂学习共同体的合作交流,有的内容比较简单、机械,难以引发学生的热情,有的形式比较单一、呆板,过分注重作业检查、订正,很难使学生保持持久的兴趣。共同体理念下学习小组中的合作并不排斥上述内容,但它更注重学习任务的真实性和开放性,学习内容的复杂性和一定的挑战性,注重将当代社会生活中的真实问题、热门话题、科研课题和新闻焦点引入英语学习之中,因为这些内容有较大的探索空间,可以激发学生的探究欲望和求知欲望,促进他们从不同角度参与讨论、探究、解答。

当然,小组活动的主要形式还是多维、多层次的互动,除了小组作业检查、帮扶结对、同桌交流、前后桌讨论,还应该有其他形式,如课堂辩论、戏剧表演、操作展示等。多种互动形式有助于扩大学习范围,拓展活动空间,丰富学生的学习生活,深化学习内容,使学生养成团队意识与共同体精神。

一、互动概念与特征

(一)互动的概念

互动有广义和狭义之分。广义的互动是指一切物质存在的相互作用与影响。我们通常所说的是相对狭义的互动,指在一定社会背景与具体情境下,人与人之间发生的各种形式、各种性质、各种程度的相互作用和影响。它既可以是人与人之间相互作用和相互影响的方式和过程,也可以是一定情境中人们通过信息交换和行为交换所导致的相互之间心理和行为上的改变,从而表现为一个包含互动主体、互动情境、互动过程和互动结果等要素的、动态和静态相结合的系统。作为一种人际的相互作用和影响,互动必须在两个或两个以上的个体之间发生,一个个体谈不上相互作用,但仅仅有两个以上的个体客观存在,个体之间只是简单的施加与接受、刺激与反应或被动的单方面作用,也不能认为彼此之间存在互动。只有当这些以某种方式结合在一起的个体之间的行为发生相互联系和能动反应时,才谈得上互动的存在和发生。《中国大百科全书·社会学》中对互动是这样界定的:互动首先是一个过程,是一个由自我互动、人际互动和社会互动三个阶段组成的过程。同时,人与人之间的相互影响既有外显的行为互动,也有内隐的心理互动,如情感互动、人格互动等。这两方面是相互关联的,在多数情况下,它们具有一致性和同时性。

(二)课堂互动的概念

课堂互动是指在课堂这一特定情境下,发生的一种特殊的人际交互作用的过程,具体是指在教学信息传播的过程中,发生在师生之间、生生之间的直接接触和交互作用,能导致交际双方心理和行为上的改变。交互作用的信息是丰富多样的,就教师而言,有对学生知识的教育、行为的指导和社交能力的培养等;就学生而言,可以是学习态度、价值观、能力等的相互影响。在课堂学习共同体内的教学信息的交流与沟通中,学习成员根据预定目的,经过编码和有效的通道,将信息传递至其他成员,成员接收信息后,经过译码、释码、编码,再通过有效通道将信息传递出去,如此循环往复。在这个信息交流过程中,学习成员不断变换自己的角色,如提议者、反对者、监督者和总结者,彼此相互依存,相互补充,共同提高。学习者有好的建议可以向其他成员提出,其他学习成员可以采纳也可以充当反对者的角色对其建议进行批驳,每个成员亦可相互监督,对他人的不当之处进行建设性的批评,这些对营造良好的学习氛围具有重要的作用。在互动的过程中学习者随时进行反思总结,能促进自己的意义建构和能力提高。

(三)互动式课堂教学的特点

语言的互动是一种合作的活动,它包括建立一个由发送器、接收器和语境三者构成的三角关系。可见,互动不仅是传递信息的过程,更是理解信息和加工信息的过程。在这个过程中,互动的参与者在一定的自然或非自然语境中,借助文字或非文字手段,对信息进行理解、加工和交流。笔者以人教版英语八年级 Unit1. Section A 这一节随堂课的教学片段加以分析。

T:What do you usually do on weekends?

S1:I often do some exercises.

T:How often do you exercise?

S1:Once a month.

T:What does she do on weekends?

S2:She often does some exercises.

T:How often does she exercise?

S3:She often does exercises once a month.

T:Does she like doing exercises?

S4:Yes,she does.

T:What do you think of doing exercises everyday?

S5:Doing exercises is good for our health.

上述课堂活动形式在目前英语教学中十分普遍。这种形式常被许多教师理解为互动,是以学生为中心。因为从表面上看这种活动形式下的课堂气氛很活跃,学生参与率较高,而且整个活动是师生共同完成的,也有一定数量的信息传递。但是,从活动主体来深入分析则不难发现,这种活动形式呈"葵花"状,教师是"花蕊",学生是四周的"花瓣"(见图 4-1)。整个活动的主动权掌握在教师手中,教师问,学生答,教师不问,学生不答,而且学生回答的内容往往是教师期望和预料的。因此,这样的课堂活动实质上还是以教师为中心,这样的互动是在教师的严格控制下进行的。

图 4-1　"葵花"状互动示意图

鉴于此,在组织互动式课堂教学时务必把握好以下四个要素。

1. 多维互动

多维互动即互动是从教师到学生,从学生到教师,从学生到学生,从个体到群体,从群体到个体,从个体到个体,从群体到群体等多种维度展开的(见图4-2)。在多维互动中,教师与学生是平等的活动参与者,他们既是信息的发送者,又是信息的接受者和加工者。

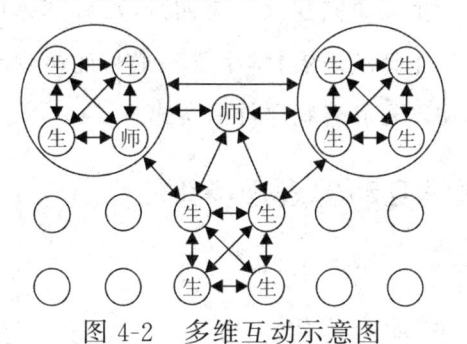

图 4-2　多维互动示意图

2. 合作共享

合作共享的前提是信息差。教师在设计课堂活动时,应该考虑建立一定的信息差,以体现合作共享的真实性。合作共享的实施主要在于活动的组织形式。在课堂教学中,教师经常组织个体活动、配对活动、小组活动和全班活动等。相对而言,小组活动能比较合理地解决"参与率"与"资源量"之间的矛盾。

3. 体验创造

首先，学生运用所学的语言知识，重新组合语言材料，这就是语言的创造；其次，学生借助自己的生活阅历和已有的语言基础，对信息做各种合理的处理和加工，这是创造的过程；最后，信息的交流是为了填补交际双方之间的信息差，但又会产生新的信息差，这又是一种创造。因此，要注重活动的情境设计，让学生体验各种创造过程，这样课堂教学才能真正互动起来。

4. 动态角色

互动式活动可分启动、展开、深入和结果四个阶段。第一阶段，教师是设计者，设计活动的形式和任务；学生参与设计，以使课堂活动更能体现他们的特点和要求。第二阶段，教师是组织者，负责创设轻松真实的交际环境，帮助和指导学生活动；学生主要是活动的参与者，当然也需要组织自己的小组活动，帮助同伴参与活动。第三阶段，教师是促进者，激发学生参与和学习的欲望，拓展学习活动；学生是问题的发现者，积极想象、探究和创新，把活动推向更高层次。第四阶段，教师是评价者，积极评估学生的活动，鼓励学生持续发展；学生既是成果的呈现者，也是活动的评价者，逐渐适应自主学习和自我评价的模式。

二、课堂教学互动的表现类型

(一)合理有效的语言互动

1. 平衡有效的话语比例

英语课堂是师生和谐交际的课堂。一堂好的英语课不是看老师说了多少英语，而是看学生开口说了多少英语。课堂上，教师语言与学生语言要保持一定的比例，随着学生语言水平的提高，教师应多提出能激活学生思维、扩大学生语言输出的趋异性问题，防止教师和学生话语比例失衡使学生语言水平的提高受到限制。

2. 和谐高效的语言合作

师生在用英语交流时，应做到相互都能理解，达到真正沟通的目的。

同时,教师在教学过程中,语言要浅显易懂,要善于运用表达技巧来增强表达效果。教师要用英语组织教学,这是每位英语教师应力争做到的。但是,一味地强调用英语组织教学而忽视学生的实际能力水平是不可取的,应该用符合学生实际的英语与学生进行交流,从而促进学生语言水平的提升。

3. 多维互动的课堂提问

教师的提问一方面应该能激发、唤起和组织学生产生问题意识,另一方面应该与教学内容实现有效对接。教师提问不是为了寻求"标准答案",而是为了最终把学生培养成提问的主体,使学生积极主动地参与教学活动,敢于发问、善于发问,提出更有价值的问题,并发表自己的看法。学生会提问,能提出有价值的问题,一是证明学生深入思考了,二是证明学生具备了初步的问题意识。因此,多维互动的课堂教学提问应由教师的启发式提问和学生的触及式发问共同组成。

4. 准确多样的评价语言

师生互动的一个重要方面是教师对学生的学习予以评价,即反馈信息。首先,教师要注意评价语言的丰富性、激励性和有效性,善于针对不同个体和不同学情做出个性化的评价,使评价真正成为学生积极主动学习的助力器和催化剂。在听课调研中,笔者发现有不少教师的评价语言存在单一、低效、不准确和形式化的问题,使评价对学生失去了应有的促进作用。其次,教师要注意评价学生的标准和方式,不要把不符合自己期待的答案定位为错误的,也不要对不准确的回答一概予以肯定。学生回答错误时,教师要换一种方式,如重新启动问答来给予其间接的否定性评价。最后,评价不是教师的特权,教师应鼓励学生学会倾听同伴的发言,学会互相评价,以促进生生互动,实现最佳教学效果。

(二)平衡有序的行为互动

师生互动是靠教师对课堂交流的控制和学生的呼应两种因素之间不断磨合而形成并得以维持的。一方面,学生参与课堂交际活动在很大程度上受到教师控制的影响;另一方面,学生的参与又会反过来影响课堂活动的发展。可以说,课堂教学的成功与否很大程度上取决于学生对课堂活动的认识和他们对课堂活动的呼应。

虽然所有教师都努力在课堂上关照每个学生,但是他们常常在教学过程中有意无意地与一些学生较多地交流,而忽略另外一些学生。假如教师习惯性地提问女生比提问男生多、总是提问名字好记的学生、提问成绩优秀学生比提问成绩一般学生多等,就会使互动面受到限制,学生呼应程度降低,互动会因此失去平衡与和谐。如果教师在课堂教学中能经常启动 chain drill 和 group work 的操练模式,就可以使每个学生有均等的语言实践机会,从而有序有效地参与互动。比如,小组间开展限时造句、问答、表演或竞赛,既能使学生大范围地参与语言实践,又能培养其合作竞争意识。

(三)自主高频的小组互动

互动教学应建立在学生广泛参与的基础上,在班级学生人数较多的情况下,可以将学生分成若干小组进行活动,以使师生之间、生生之间能够拥有高频率、近距离、深情感的信息交流。

1. 小组讨论——互动的主体

在学生初步感知的基础上,可开始小组互动式讨论交流。小组一般由四名程度各异的学生组成,每隔一段时间重新组合小组。在课堂上,小组汇报自学情况可采用组内成员轮流提问的形式,小组长把组员在自学中遇到的问题总结起来让大家一起思考、讨论。最后各小组长把组内不能解决的问题归纳起来,以便在组际交流时解决这些问题。在这个过程中,教师要充分发挥其主导作用,通过巡视和参与帮助学生理解问题。当学生学习有困难时,教师不要轻易给出"标准答案",而是要设法引导,让学生自己得出正确答案。在学生自学的基础上进行组内讨论,团结协作,可以促进小组成员共同达成学习目标。

2. 组际交流——互动的关键

通过前面的小组讨论,一般问题已经解决。这时,教师给学生小组布置一些较难的题目,经小组讨论后,进行组际交流。交流时先让各小组代表发言,汇报该组的理解程度,其他各组做出补充、质疑和评价。再由各组代表提出本组的疑难问题,在组际进行激烈的讨论。在讨论过程中,教师要不失时机地引导,让学生的讨论始终围绕中心话题。最后,师生共同对所学内容进行归纳。有的问题学生不一定能达成一致的意见,有的问题一时也很难找到正确的答案。但是,在不知不觉中提高了学生的语言技能,开发了学习潜能,同时培养了团结合作、不断探索的精神。

小组活动不可盲目、随意和形式化。教师在设计和落实小组任务时,应注意考虑和观察信息使用机会、活动时机和时间安排、活动结果侧重点、学生搭配以及相互的协调状况,加强过程指导和监控,使小组活动实现效率最优。

(四)动态生成的有效互动

师生有效互动的最大特点就是它的动态性。从某种程度上说,课堂教学具有不确定性和不可预见性,教学过程的推进不可能完全与教师的预设相吻合。教师不可能一成不变地按照预定的教案实施教学,而要随着课堂动态不断调整控制方式和程度来调动学生的积极性,并采取适当的措施支持学生的课堂参与,在动态中寻求最优的方式。这需要教师善于从诸多随机生成的教学信息和不经意的细枝末节中捕捉要点,并将之当作珍贵的教学资源来调整、补充、完善课堂教学,使之更符合学生的实际需求;需要教师不断通过对学生的态度、注意力集中程度和学生的反馈等动态学情的观察,估计教学进展情况,灵活创设教学情境,设计出有针对性和思考性的问题;需要教师拥有教学智慧和临场应变能力,需要教师长期修炼逐步形成敏锐的观察视角、深厚的专业技能和精湛的教学技艺,能够对非预测性情况随时做出正确机智的决断。

(五)真实自然的情感互动

融洽和谐的课堂气氛,是教师和学生之间情感互动的结果。教师作为组织者,要善于通过生动活泼的教学手段、丰富的面部表情、多样的肢体语言和激励性的评价传达自己的期待和鼓励,以形成师生积极的情感互动,达到师生心灵的沟通,激发学生的求知欲望,引导和调控学生的学习情感,使其发挥最大的学习潜力。

在互动式课堂教学中,为达到最佳的情感交融,教师要特别注重以下几点。

1. 师生互爱

爱是师生沟通的主要渠道,是师生关系的核心。爱是学生的基础心理需求,因此教师要做到亲切和蔼,缩短与学生之间的距离。当学生遇到表达困难时,教师或其他学生为其提供适当的言语支持,可以为其提供心理上的安慰,从而拉进彼此间的距离。

2. 人格平等

教师和学生之间应该是平等的,应该相互尊重。教师要尊重学生的自尊心,尊重学生的个性特点,为他们个性的健康发展和兴趣爱好的培养创造条件。

3. 教学民主

课堂上,教师要让学生充分发表意见,教师应持开放的态度、开放的观点,不要轻易否定学生的不同观点和意见。

(六)和谐人文的环境互动

英语课堂环境分为硬环境与软环境。

硬环境可理解为班级的环境布置,可以是相对长期和固定的,也可以是因课而设的。比如,在教室墙壁或板报上贴名人名言,激励学生学习的意志;在班内开设英语角或英语天地,选登优秀学生的作业;创办英文小报并配上有趣的画面和颇具情趣的英文,让学生快乐地学习。有时为使课堂教学更具互动性,课前对班级环境的临时布置与渲染会达到意想不到的效果。

软环境可从心理环境和人际环境分析。既要为学生的学习创设好的情境,让学生有愉悦的心情,又要为学生的学习创建良好的氛围,让他们有和谐的人际关系。上课时,建议合理地组织学生进行3~5分钟的角色对话、猜谜语、唱英语歌、单词接龙比赛等英语活动。在人际环境方面,则更需要精心策划。在座位安排或分组方面,要尽量考虑学生的英语能力差异、性格特征及学生间人际关系等因素,给学生创设愉悦、宽松的互动环境,让他们在互动中畅所欲言、互相促进。

三、课堂互动的有效策略

在对课堂教学互动的表现类型进行分析后,还要对具体的课堂教学进行分析,在课堂中运用产生有效互动的具体策略。

(一)共同体目标的建构策略

从学习共同体的内涵出发,共同体目标是学习共同体建构的核心,对于课堂互动的产生具有导向性作用,只有目标导向下的互动才具有实际意义。因此,共同体目标的建构是互动产生的前提条件,能为互动提供指导和动力。

在课堂中引入学习共同体,其根本目的在于发展学生终身学习、独立学习和学会学习的能力,这一目标必须在学习共同体的课堂目标中体现出来。同时,教材内容要渗透进课堂,这就必须借助每堂课的教学目标。因此,课堂学习共同体的目标包括两层含义:一是普遍性层面的学习共同体的课堂目标,其具有价值导向性,回答了建构什么样的课堂的问题;二是每堂课具体的教学目标,具有生成性,指在一定的学习情境之中,随着学习过程的展开而自然生成的目标,回答了如何建构课堂的问题。其实这两个目标是内在统一的,普遍性目标(共同愿景)包含每堂课的具体教学目标,需要通过具体教学目标一步步实现,同时课堂学习共同体的普遍性目标(共同愿景)使具体教学目标具有生成性的本质。概括起来就是,普遍性目标(共同愿景)表明了学习共同体的性质,具体目标为如何展开课堂教学提供了具体任务。下面来具体阐述这两方面。

1. 普遍性目标——共同愿景

共同愿景是指组织中人们所共同持有的意象或愿望,简单地说,就是人们共同想要创造什么。在人类组织中,愿景是唯一最有力的、最具激励性的因素。它可以把不同的人联结在一起。如果共同体成员只是个别持有相同愿景,但彼此却不曾真诚地分享过对方的愿景,这并不算共同愿景。只有当成员间真正共有愿景时,这个共同的愿望才会紧紧将他们联系起来,自身的学习和提高不仅是组织的生存和发展所必需的,而且是满足个人的期望和利益所必需的。共同愿景的力量源自对愿景共同的关切,课堂学习共同体的成员相信,在课堂上能够建立起一种共同学习的文化,使每个成员都学会学习。因此,课堂学习共同体的普遍性目标是营造一种相互促进课堂学习的氛围,在那里,不论是个体还是集体都是作为一个整体来学习"如何学习"的。

在这个愿景感召下的课堂是清楚而明确的,能够激发全体成员的热情和动力,从而使所有人积极地参与其中。在课堂上,每个人都愿意帮助、鼓励并支持其他人的学习,并使之成功,在这里"我们"支持了"我"的成长,那么,"我们"就点燃了所有成员的激情。

共同体互动的关键是要激发学生的内在驱动力,表现为学生及教师对共同体共同愿景的真正关切,这才是共同体成员真正向往的目标,此目标是共同体成员真正的学习动力。同时,这种共同愿景意识也在互动中不断得到强化。

2. 具体目标

课堂学习共同体中的具体目标就是指课堂教学目标,具体目标是有效互动产生的最直接动力。在任务目标导向的实践活动中,具体目标是共同体成员借助学习工具和各种资源作用于课程内容所要达成的结果,它是使所有学习活动参与者共同合作完成任务的理由,是参与者都认同的目标,比如,那些需要合作努力的共同兴趣和实践中需要解决的具体问题。正如布鲁纳指出的,一个最终的事件或产品能够起凝聚的作用。因此应使全班学生将精力都集中于共同的任务上,在积极互动中,形成学习共同体。

例如,当给予学生在课堂上背单词这样的具体任务后,各小组会主动采取各种方法,以最快的速度完成任务。他们这么做的理由是基于一个简单的目标:背完指定单词。这样的具体任务就是共同体的外部驱动力,清晰且来自学生的学习需求。因为有些学生课后背单词任务很难完成,一部分学生甚至读单词都有问题。当在课堂上给学生布置这样的学习任务后,每个学生都有了积极参与的热情,不会读的有人教了,自觉性差的有人督促了,各小组很快就有了互动意识,积极地形成了学习共同体。

此外,对于课堂学习共同体来说,课堂教学目标是由师生共同建构的。与传统的课堂教学目标有所不同,学习共同体的课堂教学目标具有生成性的特点,即在一定的学习情境之中,随着学习过程的展开而自然生成。在共同体内,它是由教师、学生与学习情境通过交互作用自然引发并生长而成的,来源于提出的问题和学习活动。因为是学生在进行学习,所以教师必须清楚学生的需求、兴趣和能力。目标应该反映学生的知识水平,才有助于学生建构知识体系。教师和学生应该明确地表达他们所追求的目标和评判成功的标准,以使共同体的所有成员对目标有清晰的认识。这样建构的共同体目标,成员不仅对其具有认同感,而且对共同体有归属感,正是这种认同感和归属感使得共同体各成员之间形成了一种互助的关系,促使他们积极地参与学习活动。

只有通过师生的交往互动,才能生成有效的教学目标,只有这样的教学目标才能满足学生的学习需求。特别是在语法教学中,教师只有与学生互动,才能知道哪个概念学生没有理解,才能通过调整教学目标朝着学生可知的方向慢慢建构起学生对新语法内容的理解。如果学生的概念没有理解,那么教师就要将教学目标转到让学生掌握的概念上,这个过程就是不断调整教学目标的过程。也就是说,教师需要借助与学生及时有效的互动来调整教学目标,与学生达成某种程度的共识。由此可知,课堂学习共同体的具体教学目标是在教学互动中产生的,也只有在教学互动中产生的具体教学目标才能成为共同目标。只有这样的课堂教学才能真正实现生成性教学目标,才能使师生的生命活力在课堂上得到充分展现,才能使教学过程本身具有生成新因素的能力,具有自身的和由师生共同创造出的活力。

综上所述,在课堂内不断增强愿景意识,如采用任务型教学策略,能够使课堂内的互动更具核心性和共同体意识;同时,课堂内的互动能够使课堂目标具有生成性,使课堂目标切合学生需求,更有利于学生对课程知识的建构。

(二)优化小组结构策略

1.设计课堂组织形式

在我国,班级的人数通常为50人左右,这样过大的班级规模,给学生之间、师生之间的交往设置了障碍。如果缩小班级规模,将每班学生控制在24~32人,这样共同体成员之间互动的频率就增加了,交往的机会就增多了,但还是不能满足一堂课中全体成员都参与互动的需求。教师必须让尽量多的学生自觉或不自觉地参与其中,思考、推理,引发不同思想的碰撞,使交流、讨论成为一种必然,知识的形成、深化、迁移成为活动的必然结果,从而保证学习任务的完成。这是因为知识不仅是建构的,更是合作协商的结果。同伴的支持与鼓励是学生学习信心的重要源泉与精神支撑,因此课堂学习共同体的重要组织形式是以小组为单位的共同学习,课堂学习共同体的组织机制是一个序列,即学生个人—小组—班级。

2.优化小组学习体系结构

小组学习体组织设计的核心是结构设计。所谓结构,是指一个组织各个构成部分相互之间所确定的关系形式。在实际教学过程中有以下三种小组组织结构。

(1)民主型

比如这节课是复习"Asking the way",并以到邮局寄信展开对话。当复习完基本功能句后,教师让学生以小组为单位进行角色扮演,学生有如下对话。

生1:我们先来设计一个情境,分配下角色。(其他学生附和)

生2:我去邮局寄包裹。

生1:我去邮局汇款,路上遇到了你,然后我们一起去邮局。

生3:那我就扮演邮局的工作人员吧。

生4:汇款和寄包裹不是在同一个窗口办理的。

生3:那我就扮演寄包裹的工作人员,你扮演汇款处的工作人员。

（其余学生表示赞成）

生5：那我扮演什么角色呢？

生1：你就扮演给我指路的路人吧,我不知道该如何去邮局,正好遇到了你,向你问路。

生3：你就扮演一位老爷爷,给生1指路。

生5：嗯,可以,这个主意不错。

生6：我做旁白。

生2：咱们开始编对话吧。

生6：那我先来开头了啊,One Sunday Afternoon,S1 is going to…S1,are you going to remit some money?

生1：Yes. I'm going to remit some money.

生6：S1 is going to remit some money. Now she is on her way to the post office. But she can't find the way to the post office. Now she sees an Old man coming towards her.

生1：Excuse me! Can you tell me the way to the post office?

生5：Oh,it's not far from here. You can go straight ahead and turn left at the first cross. It's about 100meters on the right hand side.

生1：Thanks! Bye!

生5：Good－bye!

生6：At the cross sing she meets her classmate S2.

生2：Hello S1. Nice to meet you!

生1：Nice to meet you,too. Where are you going?

生2：I'm going to the postoffice. What about you?

生1：Me too. Let's go together.

整个对话过程比较流畅,首先由生1提出分配角色,其余学生积极响应,生2和生3根据课本对话内容找到了适合自己的角色。很明显生4有过汇款和寄包裹的经历,她知道汇款和邮寄不在同一个窗口办理,因此和生3一起扮演邮局工作人员。生5学习成绩比较差,但是他也表现得很积极,他主动询问自己能扮演什么角色,生1和生3都给了他建议,他也采纳了。最后一直不说话的生6发言了,其实她一直关注着其他成员,并且找到了自己的角色。这个小组顺利地完成了角色分配的任务,并且在对话编制过程中配合默契,将本课新学习的句型都用上了。通过这个事例可以得出该小组学习体系具有两个特征:成员之间的对话是民主平等的;问题是通过协商解决的。这样的小组结构是呈网络状的相互作用关系(如图4-3)。

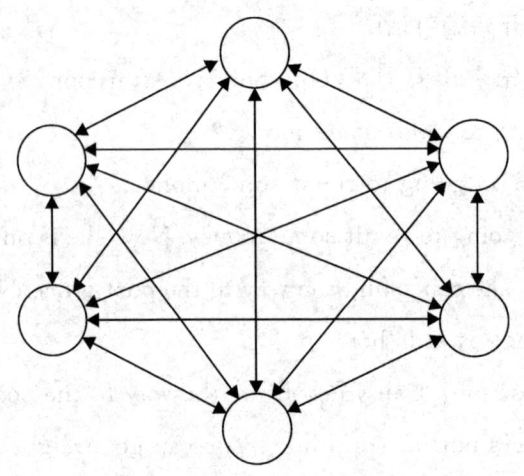

图4-3 民主型互动关系图

(2)权威型

同样是上面那节课,另一个小组的表现如下。

生1:我们先来分配角色。生2,你扮演去邮局汇款的人吧?

生2:好的。

生1:生3,你扮演寄卡片的角色吧?

生3:嗯,好的。

生4:那我扮演邮局的工作人员,好吗?

生1:好的。邮局工作人员也分好几种,有咨询台的,有汇款处的,还有邮寄处的,你想扮演哪种?

生4:那我扮演咨询台的工作人员吧?

生1:哦,不过我觉得你还是扮演汇款处的工作人员比较合适,让生5

扮演咨询台的工作人员,咨询台的工作人员对话内容简单点,让生5扮演比较适合。

生4:好吧。(很无奈)

生5:对,我来扮演咨询台的角色。

生6:那我扮演邮寄处的工作人员吧。

生1:好的。那我做旁白。现在你们先看看课文当中你们所要扮演的那个角色的句型,待会我们就开始练习。

在这段对话中我们可以看到,对话基本是以生1为中心而展开的,生1主持了角色分配任务的整个过程,而且在讨论的过程中也是以生1的意见为中心,如当生4想扮演咨询台的工作人员时生1持反对意见,希望生4扮演汇款处的工作人员,而生4也采纳了生1的建议。至于其他学生的角色都是在生1的引导下分配完成的,具体表现在小组成员的对话都是指向生1一个人的,其他成员之间的对话几乎没有。生1的学习成绩是这个小组中最好的,而且又是班里的学习委员,在这个小组中具有一定的权威。从这个事例中可以得出该小组学习体系具有这样两个特征:对话是由一个权威性人物发出的,成员对话对象比较单一,基本上都是指向这个权威性人物的;活动任务的完成是在权威性人物的意愿下完成的,其他成员的意愿得不到重视。因此,这样的小组结构是单一指向性的权威型结构(如图4-4)。

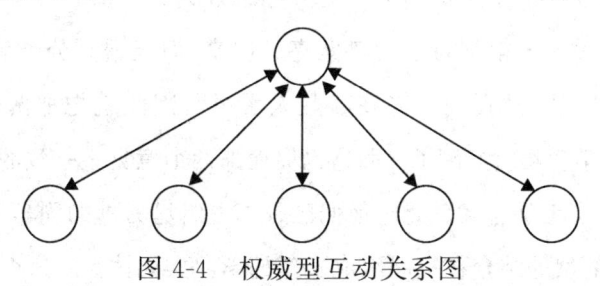

图4-4 权威型互动关系图

(3)分散型

如教师要讲解的是Unit8中的课后练习,其中一项语法内容是练习"据说"的表达,练习中出现了三种表达方式:People say that.../... is said to do.../It's said that...。教师讲完基本句型后让学生分小组做课后练习,要求学生先自己做,然后小组内互对答案。下面是一个小组在对第一小题(原题:People say he is a fool 用其他两种方式表达)答案时的对话片段:

生1:第一题我的答案是 He is said to he is a fool。

生2:我的答案是 He is said to is a fool。

生3:我的答案也是这样的。

生4:我也是。

生5:我的答案是 He is said to be a fool。

生6:我的答案和生2一样,我们四个人的答案是一样的,我们的答案肯定是正确的。

(他们四个人认为他们的答案是正确的,因此继续讨论下面几题了。)

生1:难道我们两个都错了吗?你为什么那么做呀?

生5:根据句型"...is said to do..."做的呀,你那样做肯定是不正确的,动词不定式后不可以跟完整句子的。

生1:哦!那他们是正确的了,应该是 He is said to is a fool。

生5:我觉得"to"后面是跟动词原型的,"is"的原型是"be"。

生1:哦,你说得对,待会看看老师的答案吧。

(接着,这两个学生就结成一对开始继续讨论了。)

刚开始六个人都把自己的答案亮了出来,但当遇到分歧后,四个答案一致的学生就认为"真理掌握在多数人手里",因此就把那两个答案与他们不一致的学生给"抛弃"了。而这也促使那两个意见不一致的学生进行了讨论,并得出了正确答案。此时他们已赶不上组里另外的同学了,于是他们两个就自然而然地结合在一起组成了新的学习共同体。从这个事例中可以看出,小组在讨论的过程中会出现不同的见解,而这些不同的见解并不一定能在小组内达成协调一致,这时候组内意见一致的成员很可能就会结合在一起,同时小组就被分裂成两个或者两个以上学习体(如图4-5)。

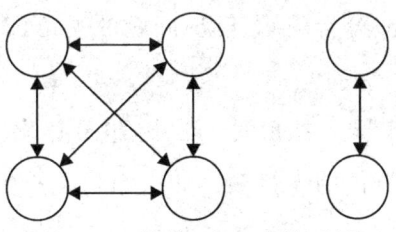

图 4-5 分散型互动关系图

从学习共同体的角度来看,应该提倡第一种空间网络状的学习结构,这种结构中的学习成员之间是民主平等的关系,不管哪个学习层级的学生都有自由表达的机会,这样更容易形成融洽的学习氛围,提高学习效率。但也不是一概而论的,在有些情况下也需要权威型的学习结构,如在讨论某个问题时,小组内只有一个成员具有该方面的高阶知识,那么其他成员就需要以他为中心展开讨论。

为了优化小组结构,小组成员的构成一般采用异质分组的原则,即在小组内实行学习成绩、性别、能力、性格等方面的差异搭配。异质分组的目的是提倡同伴互教(对教者和被教者都有好处),为学困生提供学习榜样,并且改善同学之间的关系。在对全班进行异质分组时,要尽量使各小组间保持同质,即组间同质、组内异质。组内异质为小组成员内部互相帮助提供了可能;组间同质为全班各小组间的同步学习打下了基础。因此,教师要综合考虑每个学生的各方面特点进行分组,主要考虑以下因素:

(1)成员的学习成绩。保证同一个学习小组内混合学习成绩好、中、差的学生。实际的研究结果表明,学习成绩高和学习成绩低的学生都能够从小组合作学习中受益。

(2)成员的能力。有的学生口头表达能力强,有的学生善于分析问题,有的学生善于捕捉信息,有的学生思维比较深刻,有的学生善于组织活动,将这些具有不同能力优势的学生组合在一起,不仅能够提高小组活动的效率,更有助于每个组员的全面发展。

(3)成员的性别。心理学研究表明,不同性别的个体在认知风格、能力、性格特征等多方面都存在差异。在合作小组中男女学生混合编组可以丰富小组认识问题、分析问题、解决问题的视角,而多视角的产生可以丰富学生的思维。

(4)成员的家庭背景。在现实生活中,组员必须学会与各种人一起工作,需要与不同社会群体的人接触。如果组员在小组活动中能够与来自不同背景的其他组员合作,将有助于他们在以后应对类似的现实情况。

(5)成员的个性特征。成员进行讨论时,性格内向的学生思考问题更加深入细致,性格外向的学生可以活跃讨论气氛,两者互补,从而使讨论更加充分。

(三)学生之间有效的沟通策略

课堂上学生之间的沟通是指发生于学生之间的为求得理解而发生的以符号为媒介的社会交互作用。具体反映在三个方面:首先,沟通是一种互动;其次,沟通以"符号"或"讯码"(可以是语言的,如话语、文字;也可以是非语言的,如姿势、眼神等)为媒介;最后,沟通的目的在于信息交流与意义共享。小组内的学习主要依靠学生之间的沟通发生,此时不依赖于教师,仅靠学生之间的沟通也可以展开学习。要使这种交互学习形态的学习成立,就要使学生之间形成有效沟通。达成有效沟通须具备两个必要条件:第一,信息发送者能清晰地表达信息的内涵,以使信息接收者能准确理解;第二,信息发送者要重视信息接收者的反应并根据其反应及时修正信息的传递。可见,有效沟通是一种动态的双向行为,只有沟通双方都充分表达了对某一问题的看法,才真正具备有效沟通的意义。

在培养有效沟通技能之前,要先树立正确的沟通观念,沟通是借着分享信息、事实或态度,与他人或团体建立共同的理解与看法。也就是说,沟通的目的是达成共识,为了共同的目标,每个成员都是利益主体。因此,每个成员不仅要积极参与沟通,而且成员之间要建立民主、平等的关系,使小组内建立起一种尊重、友好、热烈的气氛。培养沟通技能主要包括三个方面。

1. 表达技能

学生应先思考后发言,紧扣学习目标,不讲与学习无关的话题,不重复他人的观点;不同性格特征的人在一起可以相互影响,如性格外向的学生可以带动性格内向的学生进行清晰的表达;应保持适当的音量,要做到让既能组内成员听清,又不影响其他小组的学习;应注意自己的非语言信息表达,脸部表情自然,神态专注,有时可辅以微笑等友好的表情,但是一般情况下不能有夸张的动作与表情出现。

2. 倾听技能

不随便打断对方的发言,一般情况下不要打断对方的发言。但遇到对对方说的内容不理解、不明白时,或对方跑题,说到与本次讨论内容无关的话题时,就需要将其打断,把对方拉回讨论主题上来。

应努力记住对方发言的要点(可将发言要点记录下来),不仅要听,而且还要记住。倾听时要抓住对方发言的要点,去枝节、明语义、去修饰。同时,人脑记忆力有限,如果小组内5个以上成员都发言的话,则很难将所有人的发言都记下来,因此可以做摘要记录。做摘要记录也是克服倾听时走神的一种方法,脑神经的研究发现,人脑的思考速度要比说话速度平均快四倍,因此可以用多余的思考速度整理听到的信息,通过人脑整理的信息才能真正成为自己的知识,同时也更容易集中注意力听对方发言。

应学会主动的聆听。所谓主动的聆听,就是有反馈的聆听。学会主动的聆听需要做到这几点:首先,学会质疑与确认。当自己听不懂的时候可以请求对方做进一步的解释,认真思考对方的意见,反思自己的观点,通过质疑使不同观点在冲突中融合,形成比较全面的观点。其次,运用语言和非语言的回应。这些回应可以表明倾听者的态度,并将对方的话语引向深入。语言上的倾听用语,如"嗯""对""是"等,非语言上的回应,如点头、摇头、晃头等。这些回应都会使发言者觉得自己的发言有价值,感觉自己被尊重。

3. 帮助表达不佳的成员

学习共同体能使每个成员都得到发展,而自身的发展也是在其他成员共同发展的基础上建立起来的。因此,对于那些表达不佳的成员要给予鼓励与帮助。比如,主动询问他们的意见,对他们的意见经常加以赞赏、采纳而不是恶意的否定。

(四)情境创设策略

情境创设对互动形成起着非常重要的作用。建构主义学习观希望用"学习环境"这种隐喻来描述学习者能够更多地操纵和控制目标、内容和方法的情境,并力图通过学习环境的建构为学习者提供更多的知识建构机会。叶圣陶先生认为:"教师不应以讲授课本为专务,而要为学生创设能够思考、投入的情景,令其自为理解。"情境创设能为学生提供建构知识意义的外部环境。情境创设策略是利用各种与课程内容相似的情境来吸引学生注意力和提高他们的学习积极性,以使学生在课堂内形成良好的互动的策略。注意是我们心灵的唯一门户,意识中的一切必然都要经过它才能进来。恰当情境的创设容易引起学生的兴趣,吸引他们的注意。在教学过程中,学生只有具有强烈的兴趣和高度的注意力,才会积极参与课堂上的交往互动,达到对知识意义的建构。

下面是几种具体情境创设的操作方法:

(1)图片描绘教学情境。根据教学内容、故事情节,设计一幅图画或简笔画为教学内容提供场景,让学生在看图的过程中,操练语言、熟悉语言、创造性地利用语言进行交际,这样学生就会轻松愉快地进入想讲、愿讲、能讲的境界。

(2)多媒体演示情境。课堂上利用多媒体等电教手段向学生做示范性表演,通过灵活转换信息量大、抽象、难以理解的知识,并配以生动活泼的画面、动听优美的音乐,来加深学生对知识的理解和吸收。

(3)体态语言表现情境。利用简易动作,将一些教学内容表演出来,吸引学生的注意力,使学生感知知识。

(4)呈现生活情境。结合课文中有关日常生活的内容引导学生进入现实,如谈论爱好、邮寄东西等活动,通过真实情况的呈现使学生掌握具体语言知识。

(5)对话导入情境。师生、生生之间进行情境对话,自然导入新课,引起学生兴趣,使学生情绪跌宕起伏,很快进入对话情境。

(6)表演体会情境。根据课文情节、内容编制剧本,分配角色进行表演,将枯燥、抽象的语言知识融入生动、形象的表演中,从而理解、运用语言知识。

以上情境创设的根本目的是促进课堂中教师与学生之间、学生与学生之间的交往互动。一方面,这些情境关注了学生的生活世界,使得知识来自学生日常生活中的事件,由师生共同建构。另一方面,这些情境能够促进教师与学生的共同交往互动,使得课堂教学既不以教师为中心,也不聚焦于学生个体,而是突出了教师与学生之间、学生与学生之间的交互活动,以共同建构学习的意义。

(五)纪律管理策略

纪律管理是针对学生在课堂上出现的一些破坏行为而采取的措施,也是课堂互动的一部分,即共同体与产生纪律问题行为者之间的交往互动。班级存在的课堂纪律问题会为课堂学习共同体的建构带来了阻力。目前学生在纪律方面存在以下几点问题:

(1)随意讲话。学生在没有获得教师允许的情况下在课堂内说话、聊天,并且讲话内容与课堂教学无关。

(2)离开座位。学生在没有获得教师允许的情况下,从自己的座位上走下来,偷偷地移到其他同学那儿与同学聊天,时常以讨论学业问题为理由。

(3)制造噪音。学生发出一些噪音,可能是言语的,如吹口哨,也可能是躯体的,如不断敲打铅笔、倾斜座椅等。

(4)做小动作。学生玩弄物品,如铅笔、橡皮等;投掷东西,如铅笔、纸团等;在其他学生背上贴小纸条等。

对这些行为的正确干预对课堂学习共同体的建构起着非常重要的作用,正确看待与处理这些问题应遵循以下原则:

(1)要尊重学生。作为共同体成员要学会尊重差异,学生的课堂行为不是一日养成的,要想使其改变是需要时间与引导的,学会容忍和保护学习共同体中的"越轨者",有助于共同学习气氛的生成。

(2)要相信学生。学生与教师一样渴望被相信与接纳,所以,教师在思考问题时就要以信任为前提。罗杰斯的学习观认为,人类生来就有学习的潜能。人生来就对世界充满好奇心,在适合的条件下,每个人所具有的潜能都是能够释放出来的,这种心理倾向是可以信任的。人本主义对教育的全部探讨都是建立在学生的这种渴望学习的天性上的。

(3)目标导向原则。任何课堂学习共同体中的一员都要是共同愿景的忠实"护卫者",无论做出什么行为都要以共同愿景为导向。当课堂出现乱糟糟的场景时,教师通常的做法是要求学生不要讲话,但是这种行为不利于营造安全和谐的课堂氛围,长此以往会磨灭教师与学生的课堂积极性。

基于以上原则,应对课堂纪律问题采取以下措施:

(1)安排适当的座位,把一些容易在一起引起课堂问题的学生分开,并将他们安排在教师更能清楚地看到的位置,这样当其课堂行为问题发生时教师就能够及时采取一些针对措施。

(2)当学生有问题行为发生时教师不要表现出愤怒的情绪,而应平静、迅速地与学生接触。可以先看他一眼,然后接近他,让他知道自己此时此刻的某个行为错了,应及时改正。最好是在私下里制止学生的一些不良行为,因为公开批评往往会使学生产生抵触心理。

(3)问题行为纠正后要引导学生回到课堂中,给学生创造参与课堂学习的机会,让他回答一个简单的问题,或是给予其及时的强化,比如对他说:"XX很认真地在看投影仪,谢谢你的配合!"

以上是针对课堂问题行为的预防、处理、巩固而分别采取的措施,使用以上方法之后,常有纪律问题的学生的行为会有明显改善。这些做法体现了课堂学习共同体的核心理念,使得教师对问题行为学生所采取的措施产生了正面积极的引导作用。

第三节 英语课堂学习共同体的支持策略

一、物质—技术支持系统

英语学习共同体建设需要一定的物质、技术支持系统,如小组活动需要教室、场地、实验室、图书馆、博物馆等。此外,随着现代信息技术的发展,网络学习共同体的组建与活动需要电脑、网络、网络平台等技术支持。

(一)教室布置与座位安排

目前,我国大多数教室主要采取秧田式座位摆放,这种模式难以适应小组活动开展的需要。鉴于学生人数较多,难以打乱安排,可将前后4~6人为单位进行安排,即2~3张课桌相对集中,中间留出空隙以便组织活动,减少因挪动桌椅带来的噪音,节省课堂时间。例如,以班委成员、科代表和积极分子为"核心成员",将理科成绩差但文科成绩优秀,或理科成绩优秀但文科成绩差的学生合理搭配,同时基于学生的个性特点、座位需求,并适当照顾身高、视力状况等设计座位,使每小组都有核心成员和不同性别、不同成绩、不同个性的学生。座位以两排为单位定期轮换。

为了便于开展合作活动,提供课堂展示平台与交流空间,也可对教室座位进行重新调整,将小组成员的课桌拼组在一起,小组成员围坐四周,中间为活动展示区。这样教室可划分成3~4个大的区域,每个小组间留有足够空间,方便教师和学生行走。还可以在教室内3~4面墙壁上挂上黑板,学生可以在上面板演、展示,从而大大提高课堂学习效率。

(二)网络学习平台的建构

为了促进学生的讨论与交流,可在校园网上设置网络学习平台,以年级或班级为单位,将学习资料、作业、问题等放到网上,供学生阅读、思考、讨论;也可将一些优秀的教学视频放在网上,为学生的个别化学习提供广阔的空间和丰富的资源；还可以设置网络交流平台和讨论专区，让学生进行交流、讨论。鉴于学生人数较多、作业批改量大的问题，可将部分作业放到网上，让有条件的学生课后上网练习，如果网络平台具有自动批改、评分功能更佳，学生可以上网练习并自行检测、反馈、矫正。教师上网抽查学生的作业完成情况，并针对普遍性问题进行重点讲评。

学校或教师也可利用 PHP 网页制作技术开发专门用于网络学习的学习共同体平台支持环境，实现利用网络平台建构学习共同体、开展合作学习的功能。

二、文化—心理支持系统

英语课堂学习共同体不仅是一种学习组织，更是一种学习文化。它挑战传统的封闭、孤立、单一的学习方式，鼓励协作、互助、共进，倡导合作、互惠、团队的学习方式，体现出一种共同的精神与追求。学习共同体试图克服排他的、竞争式学习的弊端，追求尊重差异、优势互补、共同成长的合作文化，力图发挥每个成员的积极性、创造性，通过彼此间的互补、协作、互促，发挥班级学生的优势，通过成员之间的人际互动和深度交流，彼此激励，共同探索，在群体中获得发展。因此，学习共同体的建设需要加强合作文化建设，鼓励小组合作和团队思考。可以通过黑板报、文化角、标语等营造团结、合作氛围，推进学习共同体建设；引导组员在讨论的基础上为自己的团队设计一个有特色的名字和口号，以此增强共同体的凝聚力；利用班级学习园地、网络平台、板报，展示合作学习的成果；通过交流分享创设合作文化。

小组学习需要良好的学习氛围，否则合作学习难以深入、持久。许多合作学习不能有效开展，其中一个重要原因就是缺乏尊重、宽松、自由的氛围。部分学生活动参与度低、热情不够，甚至拒绝和排斥参与，可能跟少数学生把持话语权，其他学生只能保持沉默有关。因此，教师要注重为学生创设积极的、健康的学习氛围，通过活动开展、规则执行、教学游戏、小组竞赛、表扬鼓励、非言语交流等方式,为小组合作提供支持,使学生在学习中感受合作的愉快,享受合作的成果,体会合作对个人成长的独特价值。

三、制度—管理支持系统

英语课堂学习共同体作为一种新的教学组织,其建设是一个长期而艰巨的过程,需要一定的制度支持和相应的管理措施,这样学习共同体才能持续发展,并成为教学的常态。同时,学习共同体就层次而言,有小组的、班级的、年级的和学校的学习共同体;就类型而言,不同的学习共同体具有不同的性质、特点,其目的、功能、活动时间、活动方式、指导方式也不尽相同。如何使不同层次、类型、范围、规模的共同体协调运行,是学习共同体建设亟待研究的一个课题,也是学习共同体管理的难点所在。对此,学校管理需要进行模式转换和制度创新。

(一)教学时间实行弹性制度

常规课堂每节课40分钟或45分钟,它适合教师主导下的单元教学,要求学生适应固定的教学内容与教学方法,但不能适应大班额学习共同体的需要。因此,教师应根据不同共同体活动所需时间划分教学时段,在不打破常规教学时间管理的前提下,实行弹性教学时间制度,根据教学需要,灵活安排教学时间。

(二)建立网络教学制度

网络教学不同于一般的教学,其持续发展需要相应的技术支撑和制度支持。许多学校的网络教学平台之所以流于形式,未能发挥应有的作用,或许与缺乏相应的制度保障有关。因此,学校应建立学习共同体网络教学管理制度,对网络教学的任务、内容、方式、评价及其责任做出明确规定,科学导向,规范管理。

(三)建立教学研究制度

为了学习共同体的常态开展和有效实施,需要建立与之相适应的教学研究制度。例如,定期开展研究活动,围绕英语课堂学习共同体的建设问题进行研讨,举办公开课,进行教学观摩;确立小型研究项目,开展课题研究,对不同层次、类型的学习共同体建设中的问题开展研究;定期交流研究成果,讨论问题,分享经验。

(四)建立教师共同体

学校层面的教师共同体是学生共同体的重要支撑。为了英语课堂学习共同体的有序运行与持续发展,除了要建设学生共同体之外,还需要建设教师共同体,如年级教师共同体、班级教师共同体、学科教师共同体、备课教师共同体等。通过学生共同体、教师共同体的建设,研究和解决学习共同体存在的问题,可以使各类学习共同体协调运行,各种共同体活动有效开展,切实提高大班额教学的效率。

总之,学习共同体建设需要明确班级、年级、学校各级管理部门在学习共同体建设与管理方面的职责,为学习共同体的研究提供制度框架与管理规范,保障学习共同体健康发展。

第五章 英语课堂学习共同体的评价研究

第一节 英语课堂教学多元评价体系研究

　　课堂评价是教师用来掌握学生学习情况的一种课堂操作方式，是课堂研究的一个重要组成部分，是教师和学生对"教"和"学"实施监控的一种手段。课堂教学评价是英语课堂学习共同体的一个重要组成部分，全面、准确、客观、科学地实施课堂评价对实现英语课堂教学目标至关重要，它既是教师获取教学反馈信息、优化教学管理、提高教学质量的重要依据，又是学生调整学习策略、学习方法，提高学习效率的有效手段。课堂多元性评价是一种十分有效的教学策略，它促使师生双方共同有效监控英语课堂教学过程，优化"教"与"学"双向活动，促进英语课堂教学朝高效课堂教学的方向发展。

　　然而，传统意义上的英语课堂评价往往是教师根据学生记诵教材内容的多少来给出成绩，侧重定量分析，并通过总结、测试等手段来获取有关"教"与"学"的反馈信息，重点在教学的最终结果上。这种片面追求学习目标和结果的评价，忽略了英语学习是一个动态发展的过程。在这一过程中，学生除了在英语知识以及听、说、读、写四项技能方面表现出显性变化外，还在情感、态度、兴趣等方面存在着隐性变化。因此，传统英语课堂评价在时间、空间、参与者和情感层面上缺乏客观性、公正性和系统性，已逐渐暴露出许多弊端，亟待改变。

一、建构基于英语课堂学习共同体的英语课堂评价体系

(一)提高教师对英语课堂教学多元评价重要性的认识

美国发展心理学家加德纳于20世纪90年代提出了多元智能理论。他认为,人的智能是由音乐智能、身体—动觉智能、逻辑—数学智能、语言智能、空间智能、人际智能、自我认识智能等多种紧密关联但又相互独立的智能组成的。加德纳的多元智能理论为教师提供了一种多维看待学生发展的视野和方法,它要求教师从不同的视角和不同的层面全面、正确地审视每一个学生的学习及成长。所以,教师对学生的评价不能停留在传统的单一文化课成绩上,而要重视日常的"教"与"学"的过程及学生的心理发展过程,从多元角度出发评价课堂教学,这样教师才能了解每个学生不同阶段的学习和需求,有针对性地开展教学活动,以实现高效课堂教学的目的。

(二)用建构主义理论积极引导学生参与课堂评价

20世纪中叶兴起的建构主义强调人的主体能动性,即要求学习者积极主动地参与教学,并在与教学环境相互作用的过程中,积极主动地建构自己的知识框架。所以,课堂教学绝不是教师一味地向学生灌输知识、培养学生技能的过程,而是在教师的引导、启发下,学生主动配合教师的教学,有效建构自己的知识框架的过程。在这一过程中,不但学生的智力得到了一定的发展,而且他们的判断能力和分析能力也有所提高。在课堂上,他们有选择地而非机械地接收教师传授的知识,开始用审视的目光对教师的教学活动、人格魅力进行评价。学生对英语课堂教学的评价不仅仅局限于对教师教学效果和自身学习效果的评价,还对参与教学活动的双方的情感交流和与教学环境的互动情况等进行评价。认真听取学生对中学英语课堂教学的评价,可以从根本上改变教师以"教"为中心的传统教学思想,使学生发展成为英语教师课堂教学研究的主要对象。此外,有学生参与的英语课堂教学多元评价会彻底扭转学生在课堂上的学习态度,变"要我学"为"我要学",引导学生在中学英语课堂上积极建构自己的

知识框架,发展新的能力,使师生间、生生间建构起和谐、立体的教学监督关系。

(三)制定切实可行的英语课堂教学多元评价体系

1. 以学生为中心的英语课堂教学评价

众所周知,在英语"教"和"学"的双向活动中,学生既是"教"的客体,又是"学"的主体。所以,英语课堂教学多元评价除了教师对学生在认知方面的变化做出形成性评价外,教师还应对影响学生英语学习的隐性因素做出恰当准确的描述性评价。例如,学生在学习中是听不懂、走神,还是情感或社交方面出了问题等。只有对学生学习中存在的问题进行全面的诊断,教师才能设计有趣的学习活动来满足学生的需求,诱发他们学习的积极情感,以情促知,实现全面发展的教学目标。具体来讲,需从以下四方面展开。

(1)"听"的课堂教学评价

英语课堂"听"的目的是模仿语音、语调、语流、语感,获取和处理信息。首先,教师应根据学生的听力现状,制定切实可行的听力评价标准。其次,教师定期收集学生的听力作业,分析听力材料与学生的听力结果,及时了解学生的听力动态,掌握学生的听力需求,以便客观公正地评价学生的听力能力,采取相应的听力教学措施,消除他们的听力障碍,不断提高学生英语听力训练的主动性和能动性,以优化英语听力课堂教学。

(2)"说"的课堂教学评价

英语课堂"说"的教学目的就是让学生准确、得体、流利、连贯地表达思想观点,与他人积极地进行交流,实现信息资源共享。英语课堂教学"说"的评价形式是多样的,可以是教师点评、学生自评或互评。无论评价者是教师还是学生,都要注意评价方式,切忌挫伤对方的积极性。作为课堂教学评价的设计者,教师在制订"说"的评价标准时,一定要全面周到。此外,教师还要考虑学生"说"的参与意识与主观能动性,特别要区别对待那些胆小和主观上不愿"说"的学生,以防失之偏颇,重视了少数,忽略了多数。同时,要培养学生的合作精神、团队精神。让每个学生从"说"的学习方法中体验成就感,使"说"成为改变学生英语学风的突破口,真正让"说"的英语课堂评价方式成为学生主动融入英语课堂教学活动的切入点。

(3)"读"的课堂教学评价

英语课堂"读"的教学目的是培养和发展学生广泛阅读的兴趣、能力和技巧,形成一定的语感或感悟能力。一般来说,英语阅读材料知识丰富、信息广泛,它要求读者在一定时间内完成一定的阅读任务,所以阅读方法、阅读速度与阅读质量一直是困扰学生的三个基本问题。因此,英语教师在制定切实可行的英语"读"的评价标准时,不仅要考虑影响学生阅读质量的语言基础知识、材料范围和难度,而且要充分考虑影响学生阅读的学习策略和情感策略等。通过这种对"读"的课堂的全面评价,师生、生生间可相互探讨行之有效的阅读策略,了解英语阅读教学中存在的实际问题,从而共同建构有效英语阅读的新思路和新方法。

(4)"写"的课堂教学评价

写作是一个高度复杂的思维过程,是学生表达思想的基本方式之一,它对学生的认知能力、思维能力、语言能力、组织能力和自我监控能力都有相当高的要求。学生写作水平的提高依赖于学生自身的积极参与和教师的有效指导。所以,教师一定要抓住课堂上的一切机会培养学生的写作能力,如听写、造句、填空、续写和改写课文、专题写作等。在对学生的写作进行评价时,要尽量考虑到学生所表述的事实、观点、情感、想象力及其规范的写作方式,然后给出相应的写作评价标准。教师应采取多元化的方式对学生的写作进行评价,如学生自评、互评和教师点评等,评价要中肯、切合实际,要恰到好处。通过评价,让学生相互传阅和欣赏优秀作文,激发他们的写作动机和写作热情,形成良好的英语写作氛围。

2. 互惠式英语课堂教学评价

一方面,英语课堂教学多元评价不单纯是教师对学生的评价,更重要的是教师对自身教学理念、方法和效率的评价;另一方面,英语课堂教学多元评价是学生对自身学习方法、策略、效果等的评价,包括学习态度、近期和远期学习目标等。通过课堂教学多元评价,教师可及时发现自己在教学中存在的问题,改进教学方法,努力适应学生的新要求;学生可及时反思自身的学习状态和学习效果等。总之,这种课堂教学多元评价能起到推动师生共同进步的作用。

3.发展性英语课堂教学评价

英语课堂评价不仅具有针对性(评价有特定的对象、时间和空间),而且具有发展性。这是因为英语课堂评价不只囿于"定量""定性"范畴,而是具体到某一堂课中某一学生一时的学习特点,还持续到某个特定的阶段。它是对学生每堂英语课上具体表现的诊断汇总,并且这种汇总具有发展趋势。这种评价完全符合教育的发展规律,也是形成英语课堂多元评价的客观依据。

4.融入性英语课堂教学评价

现代英语课堂评价不是孤立看待、片面定性英语课堂教学的质量和效果,而是为了更好地促使英语教学朝着高效、科学管理的方向发展。将课堂评价纳入英语课堂教学,不但不会阻碍英语教学的顺利进行,反而会将竞争机制引入英语教学改革,开启师师间、生生间、师生间多种交流渠道,全面开展学习共同体教学研讨,彼此互相帮助,互相学习,扬长避短,共同进步,努力探索出基于课堂学习共同体的英语生本课堂的新路子。

二、确保英语课堂多元评价在教学实践中的运用

(一)处理好教学与评价之间的关系

教学与评价之间的关系是相辅相成的,不存在评价游离于教学之外或评价制衡教学的现象,评价的目的是促进教学朝科学的方向发展。所以,在英语课堂教学中,评价活动占整体教学时间的比例要合理、适当,尽可能发挥好评价的杠杆作用,让课堂评价服务于学生发展这一根本目标;评价应具有形成性、开放性与灵活性,对学生起到激励作用;课堂教学评价要有利于师生双方提高教学兴趣,树立信心,体验成就,进而产生强大的"教""学"动力。评价要允许改正和提高,师生双方要形成批判性思维,

坦然面对一些偏激的评价,跳出狭隘思想的束缚,明确一切只为提高教学效果,服务教学。

(二)强化学生参与英语课堂多元评价的意识

如果学生意识不到参与课堂评价的重要性,就很难保证他们积极参与课堂教学活动,配合教师的教学,得到长足的发展。出于各种原因,部分学生,尤其是学困生对课堂教学评价抱有某种偏见,对此漠不关心。因此,教师要潜心研究课堂评价的方法和策略,确保课堂评价的客观性和有效性,采用学生喜欢的、可接受的课堂评价模式,吸引学生积极参与课堂评价,让他们既看到自己的进步,培养其自信,又能看到自身的差距,从而调整自己的学习计划和学习方法,不断进行自我监控。学生的积极参与是课堂教学评价不可缺失的部分,能确保课堂教学多元评价顺利进行。只有当学生积极参与课堂评价活动,并从中掌握了评价策略后,课堂评价才能发挥其应有的效力。所以,学生不仅要利用英语课堂多元评价对教师的教学做出积极评价,而且要使英语课堂多元教学评价成为他们自身实施"元认知"学习策略的发动机,不断认识英语学习中的自我,时刻监控自己的英语学习情况,积极配合教师的教学,把一个完整、真实、健康、自信的自己展现出来,从而帮助英语教师因材施教,全面育人。

(三)教师要注意运用英语课堂多元评价的方法

课堂教学评价是教师对所有学生英语学习过程的仔细观察、分析和综合会诊,所以,教师一定要考虑课堂评价的主体性、全面性、公开性和发展性,既要体现教学执行者评价的客观性、公正性,又要体现课堂评价的目的性和有效性,因为学生间存在着明显的个性差异,不仅表现在他们认知风格的多样性上,而且体现在他们情感世界的丰富性上。所以,教师要采取不同的英语课堂评价策略,不但要让学生主动意识到自己的进步和潜力,而且要使他们看到自身存在的差距。学生自我评价可以调整学生的学习心态和学习计划,培养学生自主学习的意识。强化学生的自我评价观念可强化学生的自我监控能力和主动学习意识。同时,教师也要在英语课堂多元评价中不断充实和提高自己,不断完善英语课堂多元评价体系,使课堂多元性评价真正成为促进英语课堂教学改革的助推器。

第二节　英语教学过程动态评价研究

在英语教学中辅以必要的学习过程动态评价,将有助于培养学生自主学习的能力,使他们产生积极的学习态度和动机。评价不要求学生的答案符合唯一正确的标准,而是要看学生能否在复杂的任务中思考、辨析、梳理和证实自己的结论。评价的目的不只是对过去学习情况的估测,更重要的是为学生今后的发展提供支持性信息,使他们明确方向,扬长避短。因此,评价应起到切实有效的作用,这为研究基于课堂学习共同体的英语教学评价模式的创新提供了具有前瞻性的视角。

一、英语教学过程动态评价的基本方法

现代语言学习理论认为,语言学习是一个感受知识的过程,是一个了解世界和交流信息的过程。因此,教师在教学过程中要创设灵活多样的情境,着眼引导;学生的"学"是参与探索,着眼创新思维的培养。学生通过参与课堂活动,接受教师评价,利用、发现和追求外来信息,与母语文化有机调和,从而内化所学语言课程。很显然,动态评价是衡量学生在被帮助或被指导的情况下的独立活动水平,而不同的评价方法和判断质量直接影响学生提升英语能力的效度。

(一)选择性反应评价

这种方法是指所有的客观试题和纸笔测验的形式。被测试的学生要回答一系列问题,每个问题之后都有一些可供选择的答案,他们只需从中选出正确的或最佳的那一个答案即可。评价成绩优劣的指标就是答对题的数目或者比例。选择性反应类题目主要有选择题、正/误判断题、匹配题、填空题。此种评价方法是从各个侧面对知识要点展开测评的方法。

当教师要对一段时期内课堂学习共同体的学习效果进行检验时,才能考虑使用书面形式的选择性反应测验,在此之前,教师必须确信学生已

经具备了目标要求的语言能力。在选择性反应测验中,学生对目标信息的理解往往会与他们的阅读能力交织在一起,如果大部分学生阅读能力有限,阅读面狭窄,那么用书面形式的选择性反应测验就不尽合理。这告诉我们,这种形式的评价应注意这三点:一是使用的题目应能够引发学生的反应和回答;二是使用的题目应由测验者根据自己的判断和经验来编写;三是选择测试的知识点是清晰公开的;四是应在自然、动态的任务情境中进行。

（二）论述式评价

这种评价要求学生根据教师设置的作业中的任务与要求,做出原创性的书面陈述,重点评价学生的逻辑推理、语言知识面、表现性目标、建构性成果等较为复杂的心智技能。论述式评价可以使学生有效地参与"教"与"学"的过程,同时允许学生即时反应作答,解答结果是由学生构建的、相对完整而又符合所属语言文化规范要求的"产品",如一段逻辑论证或意义阐释的内容等。论述式评价属于主观题评价法,它提倡自主和自由反应,可考查学生探索、分析的心智技能,书面和口头的语言应用能力以及文化领悟能力。教师可以设置与现实中难度相似的题目,要求学生使用他们已掌握的知识和理解、推理能力,解决他们在课堂上要面临的问题。这是提升学生创新思维和教师教学质量的一种有效手段,是教师获取教学反馈信息的主要来源和改进教学方法的重要依据。教师也可率先示范,在这一过程中,学生能发现自己所蕴藏的潜能,通过别人的视角看自己的工作。同时可采取让每个学习共同体内部成员相互进行评价的方法,由学生之间的指正代替教师的纠错效果。最后教师采用论述式评价,引导学生通过对现实情境的"高保真"(有效的)观察,评议学生的"业绩"。

（三）表现性评价

表现性评价,简言之,就是教师在学生具体做某件事时直接观察和评价他们的表现。为使这一评价更趋合理,教师必须设置和应用清晰明确的表现性规则,并收集学生参与表现的足够多的信息。

英语学习的目标包括提升接受性技能(听、读)和表达性技能(说、写、译)。显然,这是一个系统工程,对学生在系统单项中的表现进行恰如其分的评价应基于合适的条件,如每个学生占有的信息资源或使用的数字化工具相同;教学互动性要求必须有学生参与;具备听、说、读、写、译的应用能力。表现性评价在接受性和表达性技能训练中使用包括四个方面。一是在听力训练方面,教师应给学生提供多样化的听力材料,指导学生进行"磨耳朵"训练;二是在会话能力训练方面,教师要帮助学生克服羞于开口的心理障碍;三是在提高阅读能力方面,教师要指导学生逐步掌握认知与理解篇章结构的方法;四是在提高英文写作能力方面,教师可以用作文命题式讨论法或范文欣赏,邀请学生参与课堂活动。

(四)交流式评价

这是一种把课堂交流作为评价学生学习状况的形式,通过提问和听取回答来评估学生的学习效果。如果交流的重点是共同关心的话题或由学习主题延伸的知识,那么师生交流和生生交流自然就是评价学生语言技能表现的显性工具。使用这种方法,无须制定与评价目标相符合的测验细目表,也无须考虑测验题的质量。当然,要有效使用这种评价方法,也必须遵循一些特定的使用规则,否则就不能体现评价的合理性。

首先,英语课堂讨论往往涉及的是多学科问题或本课程的重点和难点。讨论课一般由教师提出讨论题目、要点、阅读书目,学生据此进行准备。讨论时可以按照课堂学习共同体分组进行,在教师做开课引导后,其余时间由各小组组长(组员轮流承担)带领学生交流讨论,开展"自由论坛",然后各小组组长向全班学生和教师汇报他们的讨论内容和结果。通过讨论,学生既了解了各自的理解和看法,又在知识运作、技能训练、语言表述、归纳总结等方面得到充分的锻炼和表现。此时,教师要依次到各小组观察,参与讨论,给予必要提示,并对学生的知识面、技能水平、研究深度进行即时评价。其次,对于学生展开的深度讨论,教师不是一味地倾听,而是不断地提出问题、设置"障碍"、启发思路和引导争论。如果是课堂讨论,教师还可以将学生的不同观点分列在屏幕上,鼓励学生各抒己见、发散思维、大胆怀疑和提出具有创意的观点,以期达到学生相互学习的目的,并建立起评价的标准和原则。明智的教师还鼓励学生用英语进行课堂讨论,这恰恰为交流式评价创设了有利条件。

二、评价方法在实际教学中的运用原则

传统教学中教师检验学生的英语学习效果都是通过期末书面考试进行的。这种终结性评价忽略了学生的学习过程评价,即使有极少量的平时评价也形同虚设,对学生的"学"没有产生积极的促动作用。由于语言的功能项目很多,没有一个统一的测评标准,选择性反应评价等四种评价方法各有利弊,教师要做的是针对不同的教学内容和不同的对象,把握实践教学指导性原则,尽可能灵活、恰当地使用合适的评价方法。

(一)不同环节要相互协调

对于选择性反应评价而言,教师的主观评价要渗透在这种评价方式中,从制订测验计划到选择要考查的内容,再到编写测验题目。教师还应依此编制相应的测验程序。论述式评价和学业目标要有机结合,这主要体现在三个方面:语言各项技能与知识的掌握;对不同文化的准确推理;了解表现性英文作品所需的一些基础知识和情感状态。表现性评价过程共五个步骤:发现自我学习语言的能力;制定简便易行的师生共用评价表;界定达到成功目标的表现状态;"靠谱"地评价学生的表现情况;时常更新评价规则。

(二)情感倾向要倍加关注

教育心理学的观点认为,语言教学中最大的情感因素当属态度—动机变量,其中包括互相联系的社会心理因素。在某种意义上,这说明了情感倾向对于学业成绩的影响。表现性评价要求教师观察学生的行为或成果,并由此推断他们的情感状态。交流式评价的访谈、讨论和交谈能够探明学生的态度,可以依此进行导向。这是因为有效的教学评价能够对学生产生不可或缺的心理激励作用,实现语言学习任务的两种认知取向:一种是工具性取向,即学习者学习第二语言是为满足一系列实际的需要;另一种是融合性取向,即学习者有想要模仿目标群体的愿望。

三、教学评价还应注意的问题

语言类型学的研究表明,文化是语言联想机制的心理投射。[①] 语言的数量虽然很大,但各种语言使用的语法手段是有限的,特性是可以预测的。比如,形态丰富的语言语序相对自由,形态贫瘠的语言语序相对固定,这种特性并不随着语言的不同而发生变化。英语属于形态丰富的语言语序。在评价学生是否掌握了英语功能,即语言行为、用语言做事,以及避免评价不起作用时,教师还应注意以下三个问题。

(一)用选择性反应评价矫正英语教学的偏向

我国的英语教育教学往往过分强调单词识记,而忽视英语口语技能的培养。对此,教师需针对传统英语教学中的弱项,有意识地运用选择性反应评价。

传统教学的弱项有三点,其一,阅读中的解码能力。主要指识别书面单词的能力,不是靠上下文去推理,而是靠强化"按图索骥";其二,语言理解能力,即悟性。主要指理解口头语言的心理过程。在此过程中,学生难以判断词项内涵及外延的意义;其三,确定测验的独立知识点。主要指确定的要点非要点,出现"就轻避重"的现象。交际能力是指一个人对潜在的语言知识和能力的运用,它包括四个重要参数,即语法性、适合性、得体性和实际操作性。所以说,语言教学的着力点仅放在掌握正确的语法、一定词汇量和学科知识方面是远远不够的,还必须引领学生懂得如何在恰当的时间、恰当的场合得体地进行交际。

(二)论述式评价并非适用于所有的教师和课堂情境

根据语言学习理论,论述是用文字表达思想的形式,在学生不擅长使用英语写作的时候,不能采用论述式评价。尽管语言的功能和目的只是交流思想,但思想独立于传递手段之外而存在。假定有少数学生已经掌握了许多英语知识,但他们的书面表达能力较差。教师看到其论述得不

---

① 严明.高校双语教学理论与实践研究——外语教育视角[M].哈尔滨:黑龙江大学出版社,2009.

好,就以此断定成绩,那这种评价会导致结论出现偏差。教师还应明确的是,测验所使用的论述题必须新颖,对推理形式的认识要转化为清晰的、重点突出的论述题和适当的评分准则。当围绕某一主题进行论述时,教师的预设往往会引发多向生成,答案会是多样的,对此教师需有充分的准备。

(三)基于观察和主观判断的表现性评价仍有缺失

从语言表达能力来看,英语演讲会、文化讨论会、英语小品表演等都是展现自我交际能力的机会,这些活动要求每一个参与者都积极踊跃地发言,并用清楚的、易于让别人理解的话语表现出来。学生通过语言表达的训练,能够将复杂的概念、独到的见解、细微的区别淋漓尽致地表现在听众面前。但学生往往受心理影响,因语言水平在此类活动中不愿开口,或者存在表现性活动的评分规则设计不合理,缺乏学生互相评估的环节等现象。为了解决这些问题,首先,教师从心理学的角度,积极鼓励学生大胆参与表现性活动。其次,评分规则应细致合理。如英语演讲会,演讲者的语音语调、语法词义、音量语速、与听众的眼神接触等细节,都要有评分标准。最后,可以把学生之间的互评作为量化其成绩的手段,旨在通过这种形式互相评估彼此的表现,达到拓展思维的目的。

由此看来,以上不同的评价方法是动态的,唯有放到语言教学实践环境中,才能对教学产生作用,它们的价值对内化学习与创新能力的提高究竟有多大,主要基于三点:只有完全掌握要评价的知识内容和推理形式的教师,才能制定出符合既定学业目标的测验计划和评分程序;只有通过编制和使用有代表性的测验题和科学的评分规则,教师才能避免因为评估者或等级评定者的偏向而产生测量误差;只有将学生全程参与作为评价的基本条件,才能在英语教学中真正提升学生的认知能力,拓展学生的语言能力,使学生获得跨文化的交际能力。

第三节 师生评价共同体心理调控研究

教育评价通常应用于官方评校、专家评学、同行互评、教师评学、学生评教和教师自评。应倡导并实践具有本土化特色的基于学习型共同体的英语生本课堂研究,并在英语课堂教学中逐步推广。同时,有学者研究出一种通过师生互动进行完整系统评价的师生评价共同体,即系统地运用一系列人才培养指标对学生的课堂行为表现进行师生共同评价。比如采取"3+3"小组合作模式完成所领取的任务,即全班按3个人一个小组异质组合,两个组共6个人组成一个大组。其中一个小组为展示组,经过课前准备和教师指导,于规定时间内在课堂上展示任务型作品,另一组提前与展示组沟通,针对展示组的作品进行有准备的评价和即时评价相结合的课堂评价。学生评价结束后,由教师对展示组和评价组的表现分别进行评价,评价内容包括学生提交的任务计划、课堂展示作品和对作品的展示过程,接着其余未参与作品展示和评价的学生根据自己的课堂记录和教师的评价发表评价意见,最后全体师生协商给出评价意见。在整个评价过程中,师生遵循同样的预先制定的评价标准进行评价,强调评价的理据性。

师生评价共同体的评价心理调控对促进和谐课堂环境的建立、激励学生的学习、改进课堂教学效果等具有重要意义。

一、课堂评价心理调控

课堂评价心理是在课堂评价过程中参评者对评价现实的体验或反映,它既是参评者反映评价现实的心理现象,也应包括参评者对评价现实反应的行为方式。每一个参评者都是独特的个体,其对评价现实的关注点不同,其反应就会不同。评价心理可分为良性评价心理和不良评价心理。要使评价科学合理,就需要对参评者的评价心理进行调控。根据学者对评价过程的阶段分类,课堂评价心理调控可以解释为在组织、设计、实施课堂评价的过程中,参评者为预防某些不良心理活动和心理现象的发生而有意识地采取一定的策略有效地进行心理调控。任务型团队合作课堂评价分不同的组型,各有特点。因此,可以把课堂学习共同体评价模式的心理调控分为学生评价组作为评价者的心理调控、课堂展示组作为被评者的心理调控、教师作为主评者的心理调控、参与评价的其余学生的心理调控。概括起来,即主评价者与被评者的心理调控问题。

课堂评价心理调控要结合不同的评价参与者,结合具体的课堂情境和教学内容,依据预定的评价标准进行调控,这种调控不是自觉的和无序的,而是有意识的、有指导的、师生相互提醒和反思式的。调控是适时的,需要及时纠偏,使评价回到良性有效的评价轨道上来。在此过程中,教师要注意培养批判性反思式评价意识,培养评价心理调控的策略意识,不断进行心理调控。

二、英语课堂中的评价心理调控策略

英语课堂里的师生评价共同体的评价参与者角色和功能不同,既有作为主评者的教师和部分学生,也有进行课堂展示并作为被评者的部分学生,还有参与评价的其余学生。以上评价参与者所处的立场不同,所代表的利益也不同,其评价实施过程中的心理活动和发生的心理现象也就有所区别。此处仅对课堂评价共同体的心理调控策略进行探讨,以期能对英语课堂评价的客观性和有效性有一定启发,对提高英语课堂教学质量有一定帮助。

(一)学生评价组的心理调控策略

影响评价组心理的因素很多。学生之间年龄、性格、爱好等差异会在一定程度上影响学生评价组与被评组之间的关系,学生评价组容易受评价行为发生前思维定式的影响,会产生预先给分和多挑被评组表现的优点或缺点等问题,产生评价偏差;学生评价组与被评组在评价前缺乏沟通,仅通过记录课堂表现,或因课堂记录与评价的心理压力而产生紧张或恐惧心理而不能客观有效地评价;或对被评组的信息收集仅限于对事先准备好的书面材料的了解,而对课堂的真实展现懒于记录或草率应付,也会产生评价偏差。因此,教师应采取一定策略进行调控,如可以事先对评价组进行指导,使评价组在评价前成竹在胸,克服紧张的心理,缓解压力;教师提前告诉学生评价组在评价时易产生的心理评价倾向,强调评价的目标、意义,防止思维定式的发生;提醒评价组学生,自己既是评价者也是被评者,体验被评者的心理,依据预设的评价标准客观评价。

(二)课堂展示组的心理调控策略

课堂展示组的心理压力主要来自几个方面:自己设计的展示内容是否符合评价标准,评价组及教师对自己的评价与自己的解释是否一致;课堂展示能否按预设的计划顺利完成,全班学生的反应如何,师生针对自己的表现是否会打出自己期望的分数。因此,展示组带着担心、期望、忐忑等情绪参加课堂活动,既可能产生超越预期的表现效果,也很容易产生低于预期的表现效果。针对展示过程中可能出现的不良情绪与心理活动,教师应在展示组活动之前与之沟通交流,解除学生的顾虑,告诉学生教师重视的是学生通过展示发展自我的过程,教师对学生的发展情况不做横向比较,侧重对学生自身发展的纵向比较,目的是了解学生学习的进步情况。

(三)教师评价主体的心理调控策略

教师评价主体在课堂活动中的评价起导向与示范作用,要尽量避免不良心理活动及现象对学生的影响。教师常见的不良心理活动、心理现象主要包括以下几个方面:

(1)参照效应,即教师在评价过程中会参照以前自己印象中水平较高的形象而错估当前展示组的学生的水平;

(2)刺激单元效应,即把学生表现活动中的某一优势特征或劣势特征下意识放大而产生偏离标准的评价;

(3)模式效应,即教师把评价标准与评价模式刻板化,把评价对象纳入主观固有的某种类型模式中;

(4)本位心理行为,即教师因具有一定权威性或富有经验,而有轻视其他评价者评价的心理倾向。

针对评价过程中易发生的不良现象,教师要有反思意识,经常把自己评价后的感受记录下来,分析原因,不断回顾、对比调整自己,不断审视自己在课堂教学中做出的评价,发现自己评价过程中的不良倾向,并不断克服。如有评价偏差,可在下次的课堂上公开纠正,这种行为能激励学生以更加认真的态度对待自己的表现和对其他组的评价,活跃课堂氛围,推动师生的良性互动。

(四)评价参与者(其余学生)的心理调控策略

为保证评价的客观有效,促进全员学习,班上其他学生的参与评价也非常必要。他们在课堂活动中通过观察、记录和发表对评价的看法,能有效促进自身评价能力的提高,产生运用语言参与观点表达的成就感,对自己在课堂上的表现做好更充足的准备,避免同样的问题发生。但是评价毕竟是一种判定,评价参与者很容易产生与学生评价组类似的心理行为。此外,班上其余同学的参与往往发生在评价的偏后环节,容易产生迎合效应、应付效应、同情效应、遵从效应或逆反效应等心理反应。教师应善于引导,通过加分、表扬或使其解释自己分析评价的理由等调控措施,纠正学生的不良心理,提高评价的反馈、促进、强化、导向作用,使学生明白不能为了评价而评价,不能为取高分而强词夺理地评价。课堂评价是提高学生批判性思维能力的过程,是运用语言展现和提高自身能力的手段,是寻找解决问题的方法的一条途径。

(五)师生合作统一策略

在课堂评价心理调控过程中,师生的合作意识、教师的责任意识、教师尊重爱护学生的程度、教师对评价标准把握的程度、运用标准进行解释的合理与否都会引起师生的某种心理反应。因此,缺乏经验的教师需要向专家请教,从书本中"淘金",需要经过课堂的不断锻造,更需要不断地反思,尤其要重视来自学生的反馈,以爱心和职业责任感搭建师生合作的桥梁,建立师生统一协作的调控机制。

英语教学改革的不断深化,不但促进了课堂教学模式、课堂教学内容的转变,还促进了课堂上"教"与"学"关系的变化,但要求不断提高课堂教学质量的宗旨没有改变。课堂教学评价应服务于课堂教学质量的提高,课堂评价心理调控也应以促进课堂教学质量的提高为方向。因此,对课堂评价心理调控涉及的变量和策略进行深入研究是需要努力的方向。

第六章 高校英语教师与学习共同体的协同发展

第一节　高校英语教师专业发展与学习共同体建设

一、高校英语教师专业发展与学习共同体建设的机制

建设机制是一个综合机制,涉及很多子机制。高校英语教师专业发展与学习共同体的建设机制也不例外,它包含许多子建设机制:

(一)管理机制

管理机制是高校英语教师专业发展与学习共同体建设机制中最基本的子机制,因为若想打造高校英语教师学习共同体,权责分明的管理机制是其根本。为此,需要打造一支管理队伍,明确管理制度,明晰管理权责,真正让管理机制得到构建并得以实施。

(二)流动学习转化机制

流动学习转化机制也是子建设机制,离开此机制,教师就无法把个人的学习行为,以及把能力转化为共同体组织的学习行为。另一方面,该子机制还有助于把学习共同体成员的学习与实践相结合,从而促进组织的高效发展,最终实现组织和成员在良性循环下实现专业发展。

(三)激励机制和教师工作绩效考核机制

较为完善的激励机制和教师工作绩效考核机制是极其重要的子建设

机制。如果不进行工作绩效考核将无法客观判断教师的工作实际情况，同时绩效考核如果离开具体的激励举措，将无法调动广大教师的积极性、主动性与创造性；为此，需要在得到绝大多数教师同意的情况下，综合考虑广大教师的切身利益，打造切实可行的奖励制度。与此同时，需要围绕教师工作绩效考核广泛、深入地开展调研，制定有效的考核办法。

(四)评价机制

较为完善的评价机制也是一个非常关键的子建设机制，因为离开评价机制，就无法得到建设机制的具体反馈，无法得知建设机制的效果。因此，需要在宽松的环境下，建立以切实推进教师专业发展为目的，实现教师个体发展目标以及自身价值的评价机制，及时取得反馈效果。

(五)质量保障机制

质量保障机制是高校英语教师专业发展与学习共同体建设机制中必不可少的组成，因为离开切实可行的质量保障，就无法保证该建设机制的建设质量，也就无法真正构建切实可行的建设机制。因此，高校英语教师需要从机构设置、人力、物力、财力等方面打造质量保障机制，以促进建设机制得到具体落实。

二、高校英语教师专业发展与学习共同体建设的多重模式

高校英语教师专业发展和学习共同体的建设模式含有诸多子模式：

(一)共同研课模式

共同研课模式是高校英语教师专业发展与学习共同体建设模式中极其重要的子模式，因为教师之间如不开展共同研究，或不关注如何高效地开展课堂教学、提升课堂质量，授课质量将无从谈起。据此，为打造专业发展与学习共同体，高校英语教师需要学会如何开展共同研课，如何开展深度的协作，制定共同备课制度，明确共同备课方式与方法，切实提高备课质量，真正服务好课堂教学，打造基于教师共同备课的共同研课模式。

(二)课题教研模式

课题教研模式是又一重要模式，如果没有课题支撑教研，教师的视

野、业务素养、综合能力都会受到一定程度的限制,导致教师教研的深度、广度、质量与水平无法得到保障。因此,广大高校英语教师应该积极申报教改课题,课题获批后,应组织更多教师参与课题,共同开展课题研究,学会在课题研究中提高教研水平,提升教学质量,从而实现在共同开展课题研究中,打造基于课题合作的课题教研模式。

(三)校本教研模式

校本教研模式也是不容忽视的重要模式,如果不好好利用学校自身资源,依托学校资源优势以及自身特色,切实解决自己所处学校面临的问题,高校英语教师自身的发展更难以实现。为此,需要高校英语教师挖掘学校自身资源,发挥学校特色,依托学校的平台,采取措施解决学校发展中的瓶颈,真正实现自身的价值所在。

(四)校际区域性教师协作模式

校际区域性教师协作模式主要包含校内以及校际教师协作模式,也是高校英语教师专业发展与学习共同体建设模式的重要内容,因为离开区域范围教师的整体协作,许多重大问题就无法得到真正的解决,教师授课能力也无法得到本质上的提升。基于此,高校英语教师需要在区域范围内,依据学习者、学习资源和学习目标等差异化因素,切实践行区域性教师协作模式。在采用该模式时,高校英语教师还应借助互联网、微信、QQ群、知识讨论论坛等平台,不断建设学习共同体。

三、高校英语教师专业发展与学习共同体建设的具体路径

(一)强化共同的愿景

强化共同的愿景是高校英语教师专业发展和学习共同体建设的一个重要路径。没有共同的愿景,教师队伍就会缺乏共同的目标,无法凝心聚力,无法形成合力。因此,高校英语教师应适时描绘切实可行的愿景,做好宣传工作,真正采取措施最大可能地实现教师队伍的愿景。

(二)改善知识结构

知识结构的完善与否决定了教师综合能力的高低,完善的知识结构

必将提升教师的教科研水平,反之亦然。因此,高校英语教师应及时充电,不断汲取新的知识,查找原有知识结构的不足,并加以弥补,想方设法改善知识结构,真正做到用知识武装自己。

(三)强化科研能力

开展科学研究是高校的四大功能之一,也是教师融入学习共同体,发展共同体,提高学术素养的必由之路。因此,高校英语教师应紧跟科研最新动态,不断拓宽研究视野,汲取最新研究方法,洞悉自己熟悉领域的理论体系以及学术谱系,改善研究设备,提高科研水平,强化科研能力,实现教研相长。

(四)培养反思能力

孔子云"学而不思则罔",这凸显了反思的重要性,没有反思,则会让高校英语教师失去进一步提高与完善的可能。所以,高校英语教师为了推动专业发展与学习共同体建设,需要经常反思自我,深度剖析自己,不断提高自己的反思能力。

(五)强调理论与实践的结合

理论与实践是不可分离的综合体,否则会造成个体素养与能力的偏颇,因此强调理论与实践的结合是专业发展与学习共同体建设的重要环节。这就需要高校英语教师在不断提高理论水平的同时,还要开展一系列实践活动。

(六)提升团队之间的辐射能力

团队之间的辐射能力有助于高校英语教师从不同团队之间汲取养分,开拓视野,取长补短,多方面完善自我。因此,高校英语教师应该加强教学科研团队之间的合作、协作,并形成良好的合作与协作机制,不断促进高校英语教师专业发展,努力推进学习共同体的建构工作。

随着时代的不断发展,高校英语教师专业发展与学习共同体的建设机制、模式以及路径也会发生变化,这就需要高校英语教师密切关注高等教育发展形势,不断更新知识体系,提高教学与科研能力,这样才能提升专业发展水平,夯实新时期学习共同体构建所需的理论基础,为更好地服务我国高等教育做出应有的贡献。

第二节 基于活动理论的高校英语教师网络学习共同体

活动理论以人的活动为基本单位,对人、社会群体与环境之间的互动过程进行了研究,强调了社会化活动在人们理解、掌握知识的过程中所发挥的作用。下面将以活动理论为基础,对高校英语教师网络学习共同体中所包含的活动理论中的各个要素进行研究,并进一步分析其中的运行机制。

一、高校英语教师网络学习共同体的理论基础

活动理论承认知识是客观存在的,并且社会中的每个个体可以利用各种工具和手段对知识进行认知与学习,从而实现自身的发展。活动理论认为,人类的活动系统共包含七个要素,分别为主体、客体、工具、规则、群体、劳动分工及成果。具体到教学来说,活动则代表了整个教与学过程中主体所实施的所有行为的总和。主体,是指活动的参与者和执行者,对主体进行分析,可以为后续的活动奠定基础。客体,指的是受主体影响的客观存在。工具,是指可以被主体利用的器具或手段[①];规则,是指对主体起到约束作用、协调主客体之间关系的规约;群体,是指与主体共同开展活动的其他参与者;劳动分工,是指主体在活动中具体执行的任务或者扮演的角色;成果,是指活动完成后的具体结果和收获。除了成果要素,其他要素均对活动系统的运行起到了支撑作用。

---

① 文秋芳.大学外语教师专业学习共同体建设的理论框架[J].外语教学理论与实践,2017(3):1−9.

二、高校英语教师网络学习共同体的构成要素

高校英语教师网络学习共同体所开展的学习活动属于活动理论中的活动范畴,其同样也包含活动理论中的七个要素。在英语教师网络学习共同体中,各个要素均被赋予了更加具体的内容。[①]

第一,主体,指在学习活动中进行学习、交流及分享的人员,包括参与学习的高校英语教师,也包括参与组织活动的外语专家、学者、科研人员等相关人士。在网络环境下,主体的范围较传统的教师共同体更加广泛,涉及人数更多,涵盖范围更广,既包括本校以内的人员,也包括本校以外的人员;既包括在职英语教师,也包括与外语教育相关的其他人员。

第二,客体,指主体共同参与和开展的学习活动。客体在实践中表现形式多样,可以是教学课件的制作、教学效果的点评、教学思路的反思、新课程的开发、教学问题的探讨、学术问题的研究、教学资料的编制,等等。

第三,工具,指可被教师、专家等主体利用,使他们之间建立沟通联系的网络技术应用,包括网站社区、社交软件等,例如校园网络论坛、博客、微博、QQ、微信等。

第四,规则,指所有参与学习活动的主体需要共同遵守的行为准则,包括网络社区规范、信息分享和使用规范、话题发起规范、探讨互动规范、法律道德规范等等。规则对英语教师网络学习共同体的学习活动的开展起到了保障作用。

第五,群体,指英语教师所加入的、与其他成员共同组成的团体,也即理论型学习共同体、实践型学习共同体及混合型学习共同体。每个英语教师、专家等主体都是群体中的一员,均能够对群体产生作用,也均受到群体中其他成员的影响。

第六,劳动分工,指每个参与到网络学习共同体中的主体在学习时所处的地位或所发挥的作用。各个英语教师、专家等主体在网络学习共同

---

① 郑琼,贺云.高校外语教师教育技术学术能力的培养[J].外语电化教学,2017(3):92—96.

体中所处的地位或所发挥的作用不尽相同,有的仅作为主体参与到活动中进行分享和学习,有的则除了学习以外还对全体成员负有协调、管理责任;有的因理论层次低、教学经验少而处于团体的边缘位置,有的则正好相反,处于团体的中心位置。

第七,成果,即学习成果,指英语教师个人在学习活动完成后的实际收获,或者教师网络共同体整体在学习活动完成后所产生的结果。学习成果可能是显性的也可能是隐性的。显性的学习成果可以被观察到,通常体现为学习完成后形成的论文稿件、课程教材、教学课件、问题解决方案等。隐性的学习成果不能被观察到,通常体现为教师知识视野的开拓、理论层次的提升、对共同体归属感的增强等。

三、高校英语教师网络学习共同体的运行机制

活动理论中的各要素不是孤立存在的,而是相互关联、相互作用的。一方面,活动主体不能直接对客体产生作用,只有通过合理利用工具才能对客体施加影响。另一方面,人的活动是社会化的活动,离不开社会文化环境,因此需要在群体的作用下进行,需要遵守相应的规则,需要与他人进行分工协作,只有这样,才能最终形成活动成果。基于此,结合前述对高校英语教师网络学习共同体中各构成要素的分析,可以得出高校英语教师网络学习共同体的运行机制,即高校英语教师、专家等主体应用网络平台、社交软件等工具与其他成员进行联系和交流,并共同开展学习活动。与此同时,作为共同体中的一员,各英语教师、专家等主体在不同类型的学习共同体中有着各自的角色、发挥着各自的作用,在活动进行期间必须遵守学习共同体中的规则,受其规则的约束和其他成员的影响,并与其他成员一道完成任务并最终产出学习成果。[①]

---

① 王江汉,段长城.在线外语教师学术共同体的构建与实施模式——基于iResearch外语学术科研平台的研究[J].外语电化教学,2017(3):85—91.

四、网络环境下高校英语教师学习共同体的实施策略

活动理论为研究高校英语教师网络学习共同体提供了新的视角,也为分析其实施过程中出现的各种问题提供了新的思路,有助于深层次地认识和理解其开展学习活动的全过程。下面以高校英语教师网络学习共同体的各构成要素为基础,针对其运行过程中存在的问题,提出相应的实施策略。

(一)以活动理论为指导进行网络学习共同体分工

从活动理论可以得知,每个教师在学习活动中都有着相应的角色和作用,其承担的角色和发挥的作用是否适当对学习活动产生影响。因此,对教师在学习活动中进行分工十分必要,合理的分工能够促进学习活动的顺利开展。

第一,教师分工要预先统一安排和管理。适当的统一安排和管理能够减少学习活动中的无序性和随意性。一般情况下,应由学习共同体中负有管理责任的成员进行任务的分配并对任务的进展情况进行监控,这些成员可以是论坛社区的版块管理员、学习小组的组长微信群或 QQ 群的群主等。

第二,按照学习共同体的整体需要进行分工。学习共同体的整体需要、教师的专业、经验、兴趣等均是影响分工的因素,但是它们对分工的影响程度不同,在实际分工时需要综合考虑。因为学习共同体的整体需要对分工的影响更具重要性,所以应当首先考虑,只有在整体需要得到满足以后,才能考虑影响分工的其他因素。为了使教师均能够实现专业化发展,对于在本次分工时未能按照专业、经验等因素进行分工的教师,应在下次具有相同或类似任务时对他们进行分工方面的轮替。

第三,适当的外部协助。即使在实际分工时优先考虑共同体的整体需要,也会存在由于任务的性质特殊、教师的能力不足等原因而使部分任务无法分配或完成的情况。因此,在出现这种情况时,应取得适当的外部协助,从外部邀请教育专家、外语学者等人员为学习共同体提供支持。

第六章　高校英语教师与学习共同体的协同发展

(二)积极开展线上线下结合的教师多元学习活动

英语教师参与到网络学习共同体中学习,需要分享自己的知识和经验,更需要倾听和借鉴其他成员的见解和建议。只有使共同体成员能够充分表达自己的见地,不断加强成员之间的相互交流,使多元观点融入学习活动之中,学习共同体才会更具活力,单个教师成员才能够获得持续专业化发展。互联网的发展为学习共同体提供了新的沟通工具,线上的沟通较传统的沟通方式更具有便捷性,但这并不意味着线上的交流可以完全替代线下的沟通,线下沟通仍具有不可替代的特征和优势。因此,开展线上线下相结合的多元化学习活动十分必要。一方面,应积极开展线上集体学习交流活动。线上集体学习交流活动具有召开便捷、参与成本低等特点,所以通常情况下优先考虑采用线上交流的方式。可以定期采用视频会议、在线讲座、课程直播等方式进行集体学习交流,使不同成员在交流讨论之间增进了解、获得进步。在进行线上集体学习交流之前,应将相关资料提前发放至每个成员,使他们提前做好准备工作,确保学习交流能够顺利开展和取得较好的实际效果。另一方面,线下的集体学习交流活动也应适时举办。对于不适合开展线上学习交流活动或者线上学习交流活动开展效果不理想的,可以采取线下学习交流的方式,学习共同体可以与学术团体、教研机构等单位进行合作,共同举办学术研讨、课题研究等活动,在增加学习共同体成员与学者、专家之间面对面交流机会的同时,也拉近了学习共同体成员之间的距离,有利于增强成员的归属感。

(三)注重技术环境优化并提升教师信息技术能力

学习共同体在网络环境下开展学习活动,良好的技术环境有利于学习活动的开展。因此,无论是网络学习共同体还是作为其成员的英语教师,都应注重对技术环境的优化。对于网络学习共同体而言,优化技术环境就是要对学习交流平台的硬件设施进行定期维护,对应用软件进行及时更新升级,以使整个学习交流平台能够持续运行,为全体共同体成员学习交流提供稳定的技术环境。对于英语教师而言,优化技术环境就是要配备配置达标的终端设备,安装指定的应用软件,掌握必要的网络知识技能,以方便自身参与到共同学习活动中去。信息技术为教师参与共同学习活动、进行专业化学习提供了新的手段,其对教师知识获取和能力提高的影响显而易见。信息技术能力已不再是可有可无的额外本领,它已经成为一项必备的基本技能,教师必须掌握并不断提升信息技术能力。对参与共同学习活动而言,教师必须掌握便携电子设备的正确使用方式,必须熟练应用常见学习软件,必须具备在共同学习平台上查询、上传、下载、储存电子数据和遵守公共规则的能力。这就要求英语教师要将信息技术能力视为自身的重要能力之一,除了进行专业理论学习以外,也要注重信息技术知识的学习和积累。与此同时,网络学习平台也应注重对教师信息技术能力的培训,适时开展信息技术学习活动。在应用新型学习软件时,应上传相应的操作教程供教师下载,必要时可以开设专栏或者设置专用邮箱供教师就使用过程中发生的问题进行提问和沟通。

(四)构建多维度科学化的英语教师学习评价体系

英语教师在网络学习共同体中与其他成员相互交流、共同学习所取得的学习成果是多方面的,既有显性的学习成果,也有隐性的学习成果,既有教学实践方面的学习成果,也有学术理论方面的学习成果。所以,对他们所取得的学习成果的评价不应是单一、片面的,而应是多方面、全方位的。因此,需要构建多维度、科学化的学习成果评价体系。第一,要建立多维度的评价标准。对英语教师学习成果的评价标准不应仅包括实际教学成果方面,还应将实际教学能力、学术理论水平、团体学习意愿、团队合作精神等其他方面也纳入评价标准范围。例如,在开展完共同学习活动后,考察教师备课能力、对学生提问的解释能力是否得到提高;考察教师的外语理论水平是否得到提升、是否发表相应的学术论文;考察教师在学习共同体中的归属感是否增强、参与共同学习的积极性是否得到提高,等等。同时应注意,评价标准不是一成不变的,而是动态变化的,当某些标准不再适合评价时,应及时进行更换。第二,要建立多样化的评价方法。在评价方法的选择方面,不应仅采用结果评价方法,还应采用过程评价、自我评价、他人评价等其他评价方法。在期末对共同学习结果进行评价的同时,也应注重在教学期间对共同学习的阶段性成果进行评价,可以周、月、学期为单位,对共同学习的成果在教师理论水平和教学实践方面的反映进行评价。除了过程评价法外,还应适时采用自我评价和他人评价相结合的评价方法。对于隐性的学习成果,应采用自我评价方法,可以召开学习成果总结会议的形式,让教师分享学习成果和经验;也可以书面自我评价的方式让教师总结和上报自身的学习成果。对于显性的学习成果,则应采用他人评价方法,可以学习共同体中其他成员、外部专家等相关人员综合评分的形式对学习成果进行评价。

综上所述,教师的专业化发展是高校外语教学质量的根本保证。当前,教育信息化加速升级部署,互联网与教育联系更加紧密,英语教师要想获得更好的专业化发展,加入高校英语教师网络共同体是顺应时代发展趋势的必然选择。从活动理论的视角对高校英语教师网络共同体进行分析,能够使整个共同学习活动要素化,面对英语教师在共同学习过程中发生的问题,可以更有针对性地制定和采取应对策略,从而确保共同学习活动的顺利进行,促进英语教师的专业化发展。

第三节　基于大数据时代背景的智慧学习共同体构建研究

一、智慧教学模式下学习共同体构建的原则

在大数据时代背景下,作为信息化技术产物之一的智慧教学平台应运而生。教育部积极推动高校智慧校园建设,为智慧教学平台的创新发展创造了新的条件。智慧课堂借助云教育技术平台实施个性化、数字化教学方式,革新传统的实体课堂授课模式与环境,促进学生认知系统构建,增强学生的创新能力,为智慧教学模式的有效实施提供了有利的环境。基于智慧教学构建智慧学习共同体,助力学习者提升学习能力,是高

校教学生态系统发展的有效途径,也是主流趋势。

高校教学与研究是整个生态环境的一个组成部分,人与社会环境和自然环境形成的是一个有机的整体,是多元的关系,人与环境是相辅相成的。[①] 高校教学生态系统涵括教师、学生和教学生态环境三大生态要素。学习者共同体的核心要素是以学习者为中心,以知识传授为中心,以评价手段为中心,其中知识传授和评价方式都涉及高校教学生态环境。通过将智慧教学模式,包括慕课、微课、翻转课堂、智慧课堂等混合式教学形式,融入教学过程中,完善学习共同体的构建,满足高校教学生态的多维度需求。智慧教学模式融合了传统实体课程教学、智慧课堂和线上学习等方式,能够最大限度使学习者跨越时间、空间和地点的学习限制,从而使教与学摆脱时间、空间和地点的束缚,使得教学方式更加灵活,更加多样化。

基于智慧教学的学习共同体的构建,一是要以学习者(学生)和助学者(教师)为主体,以学习者为中心,教师主导助学过程。在教育信息化的背景下,教师利用智慧教学手段进行教学组织、教学设计、教学活动管理等,为学习者提供与课程相关的知识和信息,对学习者进行学习任务的指导和反馈,促进学习者在学习共同体中进行互动、交流和反思。同时,培养学习者的共同体意识,激发学习者的学习动机。学习者的学习主要通过学习共同体进行,在学习共同体中进行个体学习,并参与共同体协作学习活动。学习者在共同体中获取大量的知识性信息以及其他学习资源,与共同体成员频繁交流互动,提高自身知识的储备,加深对知识和问题的理解,提高个人的交流和反思能力。师生之间和学生之间在学习共同体中进行积极的学习交流活动,有效实现师生互动和生生互动,是学习共同体构建和运作的关键。

基于智慧教学的学习共同体的构建,要以智慧教学手段为依托。在智能技术支持的教学生态环境下,人工智能以及线上学习模式的发展促

---

① 黄国文.外语教学与研究的生态化取向[J].中国外语,2016(5):9—13.

使学习者学习、吸收知识的方式发生根本性的变化,学习方式逐步由传统的线下课堂学习向移动学习等方式转变。新时代背景下智慧教学方式的交互性、便捷性与移动性突破了教与学对时间和空间的限制,对教师教学设计的多样性、有效性、互动性提出了更高的要求,对学习者学习的自发性、选择性与自评性也提出了更高的要求。教师作为高校教学生态圈主要生态要素,应利用智慧教学平台(如雨课堂、优慕课在线教学综合平台等)构建智慧课堂,与线下实体课程相结合,并助推学习者群体进行知识体系的学习和互动信息的交流。

基于智慧教学的学习共同体的构建,要以形成性评价体系为支撑,促进学习共同体的有效运作。学习共同体注重学习者通过个体学习和协作学习活动对知识的获取和吸收,注重学习者内化新知识和解决学习问题的效果,注重学习者之间、学习者与助学者之间资源共享、知识交互、相互促进。因此,应利用智慧教学平台从多维度对学习者的学习效果进行多元化的评估。智慧教学平台如雨课堂和优慕课在线教学综合平台有助于实时收集学习者数据,增强教学过程性评价与反馈。

通过构建智慧学习共同体,教师和学生充分发挥其作为生态个体的能动性,共同把线上学习资源、线下课程资源、课本资源以及学生学习实践融合到一个有机生态整体中,并且通过交互性、个性化、协作式的学习共同体活动,实现师生合作互动、生生互动,促进学生内化新知识,提高关键学习能力。

二、智慧学习共同体构建路径实践

应全面推广在线综合教学平台进行混合式教学实践,建设网络课程信息资源库,为各类课程搭建学生自主学习网络平台。基于智慧教学平台的技术支持,进一步构建智慧学习共同体。智慧学习共同体的运作贯穿课程教学的课前、课中以及课后阶段,主要包括课前准备、课中教学实践和课后拓展提升等环节。

在课前准备阶段,教师作为助学者首先帮助授课班级学生成立学习共同体小组,这一步骤可以通过在线综合教学平台的学生管理功能高效完成。教师依据具体课程的教学大纲,选择与教学内容匹配的学习资源进行整合,在在线综合教学平台发布相应的课程资源和学习任务,还有课程预习公告及推送学习资料。学习资源的选取和整合既要兼顾课程教学的核心内容,又要考虑共同体中学生的个体差异性。因此,在以班级学生为中心的教学设计前提下,在"课程活动—讨论答疑"版块发布的学习任务应该具备一定的区分度,针对各个水平层次的学生,设置不同难度梯度的问题和任务。通过在共同体小组中进行个性化的在线学习和小组在线协作学习,学生的知识储备持续丰富,自主学习能力、沟通交流能力和协同构建知识能力不断提升,教师根据雨课堂和优慕课的后台数据了解学情,及时给予学生反馈和指导意见,智慧学习共同体的促学作用得以初步显现。

在课堂教学过程中,教师依托智慧教学平台进行教学实践和教学管理,指导学习小组在共同体中获取、内化知识。利用雨课堂的课堂授课功能进行知识讲解、拓展,组织学生进行课堂学习、小组讨论。雨课堂的"不懂""弹幕"等功能为提高学生课堂参与度、实现师生互动和生生互动提供技术支持。雨课堂和优慕课通过发布试题进行班级课堂在线实时测评,为授课教师收集课堂学习数据,检验学生在智慧学习共同体中的学习效果以及智慧教学设计的有效性。

在课后拓展学习阶段,教师根据学生的课堂学习数据,可以在雨课堂和优慕课平台推送有针对性的复习资料、课后习题和课程作业。课程作业形式不局限于个人作业,兼顾小组项目,力求最大程度呈现学习共同体教学设计的多样性、有效性,促使学生在学习小组中进行信息交互、学习交流。学生在智慧学习共同体中自主学习复习资料,完成习题和作业进行自我评测。教师通过在线综合教学平台采集学生的作业学习反馈数据,帮助学生巩固知识、拓展创新,促使学生的知识体系进一步升华。

形成性评价体系始终贯穿智慧学习共同体运作的全过程。教师应利用在线综合教学平台创建智慧课堂,发布预习任务和作业公告、推送课程课件、进行线上测试,与学生实现实时答疑和课程互动,激活"课前—课中—课后"的每一个师生互动环节,既能够充分满足学生个性化学习的需求,又能够有效实现课上课下师生互动,为教学创造高效学习环境。教师还应根据平台提供的学生线上学习行为数据关注学生的学习参与情况,根据学生线上测试、课后作业、单元提问和小组讨论、反思报告等情况对学生的个体学习和小组项目活动进行全方位的评价,及时给予有针对性的反馈与指导。在智慧学习共同体形成性评价体系下,促进学生获取知识、构建知识体系能力的发展,提升学生自主学习能力和交互学习能力。

  构建学习共同体是高校教学生态系统发展的有效途径和主流趋势。学习共同体的构建要以学生和教师为主体,且以学生为中心进行共同体学习活动的设计;同时以各类智慧教学平台为依托,以形成性评价为支撑,对共同体中学生的学习效果进行多维度、多元化的评估。基于智慧教学构建学习共同体有助于学生进行在线协作学习和知识协同构建,有助于教师进行教学设计和实施、教学管理和反馈,从而促进高校教学生态良好发展。

参考文献

[1]毕国防.深度学习理念下的高中英语课堂教学实践策略研究[J].科普童话,2024(8):34－36.

[2]常德凤.小学英语课堂师生互动有效性行动研究[J].智慧少年,2024(2):71－73.

[3]次仁卓玛.高中英语词汇教学策略探究[J].情感读本,2024(9):55－57.

[4]邓恋玫.高职英语自主学习理论研究与实践[M].南昌:江西科学技术出版社,2018.

[5]杜学鑫.英语专业混合式学习模式研究与实践[M].南京:东南大学出版社,2018.

[6]高艳.大学英语教学与学习策略实践研究[M].长春:东北师范大学出版社,2016.

[7]何菊华.基于英语学习活动观的小学英语对话教学策略研究[J].师道,2023(24):109－110.

[8]何志英.基于最近发展区的大学英语课前任务设计[J].海外英语,2023(24):147－149.

[9]侯凌霄.提质培优背景下PBL教学法应用研究[J].对外经贸,2024(1):58－60,91.

[10]胡薇.移动微学习促进小学生英语能力发展的实践及路径研究[M].吉林出版集团股份有限公司,2020.

[11]胡应生.基于核心素养的中职英语过程性学业评价的实践研究[J].广东教育(综合版),2024(3):92－95.

[12]胡正妍.双一流背景下教材本位的导学式大学英语"金课"建构研究[J].湖北开放职业学院学报,2024,37(2):180－183.

[13]简微雨.指向深度学习的高中英语教学路径研究[J].科普童话,2024(4):123-125.

[14]李秀娟.实施单元整体教学培养英语语言能力[J].情感读本,2024(8):101-103.

[15]李志坚,李琼.模因论视域下的大学英语教师发展模式研究[J].才智,2023(33):60-62.

[16]刘丽娟.双减背景下英语绘本与小学英语课堂教学的整合研究[J].科普童话,2024(1):49-51.

[17]刘哲.基于"思维可视化"的初中英语阅读教学实践策略[J].科普童话,2024(8):22-24.

[18]倪慧慧."双减"背景下小学英语情境化作业评价标准的构建[J].教育,2024(1):51-53.

[19]欧晨旭.高职英语教学过程中STEAM教育理念的应用研究[J].海外英语,2023(24):222-224.

[20]蒲芳.初中英语作业分层设计教学实践研究[J].科普童话,2024(4):37-39.

[21]瞿丹丹.新课标背景下小学英语课堂教学有效性研究[J].科普童话,2024(2):43-45.

[22]宋利华.基于教学模型的混合式英语课程思政教学实践研究[J].湖北开放职业学院学报,2024,37(1):98-99,102.

[23]唐伟.网络环境下英语自主学习创新与实践研究[M].沈阳:东北大学出版社,2018.

[24]唐志强.基于提升思维品质素养的高中英语读后续写教学实践研究[J].科普童话,2024(8):70-72.

[25]汪梦楚,王越.材料专业英语课程思政改革实践路径研究[J].现代商贸工业,2023,44(24):52-55.

[26]汪逌.基于区域国别研究背景的大学英语课程改革实践[J].海外英语,2023(24):171-173.

[27]王栋.英语教师行动学习的理论与实践研究[M].北京:外语教学与研究出版社,2019.

[28]王娟娟."双减"背景下初中英语分层教学法的实践研究[J].时代教育,2024(1):28-30.

[29]席酉民,李程程.研究导向型学习与审辩式思维学术英语教学实践[M].北京:外语教学与研究出版社,2021.

[30]谢红秀.基于混合式学习共同体的大学英语青年教师教学能力提升研究[J].山东电力高等专科学校学报,2023,26(6):55-58.

[31]徐红梅,孙健,沈振兴.研究生全英文课程教学改革研究——以"大气气溶胶"课程为例[J].当代教育实践与教学研究(电子刊),2024(4):69-72.

[32]徐杨杨.基于深度学习理论的高中英语词汇教学设计研究[J].广东教育,2024(1):49-50.

[33]许莉娜.高考综合改革背景下的高中英语课堂转型策略与实践研究[J].智慧少年,2024(2):38-40.

[34]张丽丽.基于合作学习理论的英语专业教学实践研究[M].北京:中国纺织出版社,2021.

[35]赵慧.中职专业英语课程混合式学习研究与实践以旅游情境英语课程为例[M].上海:同济大学出版社,2022.

[36]祝钰."跨文化交际课程"线上线下混合式教学实践研究[J].湖北第二师范学院学报,2024,41(1):100-103.

[37]邹晓玲.基于核心素养培育的高中英语教学案例开发研究[J].教学与管理,2024(4):43-46.